PASTOR N

M000190851

CRISTIANOS
EXTRATERRESTRES
Lo mejor de dos cuerpos

Conroe, Texas
2021

Para solicitudes de permiso, comuníquese con e-nelson Publications, Inc. a:

request@e-nelson.com

Autor Nelson Rivera: request@pastornrivera.com.

Primera edición impresa en 2021 en los Estados Unidos de América.

Diseño de portada por: Book Cover King-U.S.A

Redacciones: Deborah Ortiz-U.S.A.

        Juan Pablo-Latino América

e-nelson Publications, Inc.

e-nelson.com

1 2 3 4 5 24 23 22 21

Dedico este libro a quién en vida durante 34 años fue mi mejor amiga y esposa Evelyn Marín Delgado (Cuqui).

Disfruta tu nuevo hogar.

Mis hijos:

Willie Nelson

Neila Michelle y William

Josué Caleb y Tirsa

Javier

Mis hermosos nietos:

Jahsaide Marie

Josiah Javier

Mis Padres: Saul y Teresa

Hermanos y familias:

Mildred, Jimmy, Saul Jr., Abner y Glendaly

CONTENIDO

PREFACIO

He tenido la bendición de nacer en el Evangelio y, desde que tengo memoria, he escuchado durante mis 58 años que Cristo viene pronto. Como puedes hoy ver, aún no ha llegado. Muchos como yo nos hemos saturado con esta noción.

Pero sabes una cosa, querido lector, en los últimos años he visto cumplidas más profecías bíblicas sobre la venida del Señor que en todos mis años de existencia.

La tierra, los gobiernos, la atmósfera y los eventos globales están gritando a viva voz que el deseado de las naciones vendrá y no tardará.

La iglesia del Señor aquí en la tierra está cansada de los golpes de la vida. En estos últimos tiempos no estamos viviendo sino sobreviviendo.

En una ocasión le indiqué al Señor que su pueblo estaba muy cansado. Le dejé saber que no sabía qué hacer. Me habló y me dijo: "anima a mi pueblo con la promesa de mi venida". Me hizo una pregunta que tocó las fibras de todo mi ser: ¿cómo pueden anhelar ir a un lugar que desconocen?

El propósito de este libro - cuando termines de leerlo - es que puedas maravillarte y llenarte de gran asombroso al conocer ese cuerpo glorificado que nos fue prometido. También conocer lo que vamos a hacer en él.

Cuando conozcamos a fondo este nuevo cuerpo, nuestra fe y esperanza se fortalecerán. Aumentaremos nuestras fuerzas para continuar este caminar hasta el final.

Debo recordarles que lo que nuestro Dios nos prometió es algo tan hermoso y sublime que nuestros sufrimientos aquí en la tierra valdrán la pena vivirlos.

Recuerde: somos peregrinos y forasteros en este mundo. Solo estamos de paso hasta llegar a nuestra tierra prometida, como lo hizo el pueblo de Israel.

Desde que me preguntaron cómo puede alguien anhelar ir a un lugar que desconoce, me he dado la tarea durante un promedio de 30 años de estudiar y escudriñar ese lugar adonde iremos, qué haremos allí y cómo será nuestro nuevo cuerpo perfecto.

La Biblia nos dice que será el mismo que el que viste nuestro amado Señor Jesucristo. Te animo a que no dejes de edificar tu alma y tu espíritu.

Hay un viejo refrán que dice: "Tanto nadar para ahogarse en la orilla ..."

Recuperemos fuerzas con las palabras del Señor a lo largo de este libro para que no perdamos la fe en estos terribles, últimos días y nos convirtamos en otra estadística de aquellos que se rindieron y se quedaron atrás.

¿Estás interesado en conocer tu futuro glorioso cuerpo? Te invito a que sigas leyendo para que conozcas en profundidad ese cuerpo asombroso que pronto luciremos y que estará literalmente "fuera de este mundo".

Estoy seguro de que te gozarás.

INTRODUCCIÓN

¿Qué tiene que ver "Cristianos Extraterrestres" con el cuerpo glorificado?

Cristianos Extraterrestres revela una gran realidad que muchos dentro del pueblo de Dios no comprendemos. La sociedad mundial nos mira como gente de otro mundo por nuestra fe en un Dios no visto y nuestra determinación en seguirlo.

Somos extraterrestres porque no somos de este mundo. Nuestra ciudadanía se encuentra en los cielos y solamente pasamos por este globo terráqueo como peregrinos y extranjeros.

En la actualidad vestimos un cuerpo adaptado a esta atmósfera, pero muy pronto vestiremos nuestros cuerpos verdaderos, uno de gloria prometido por nuestro amado Señor Jesucristo.

Prepárate para encontrar respuestas contundentes plasmadas en las Sagradas Escrituras con relación a este Cuerpo literalmente "fuera de este mundo."

Este libro responderá a preguntas que muchos se hacen tales como:

- ¿Qué tipo de cuerpos tendremos?

- ¿Cómo será?

- ¿Será como el que visto ahora?

- ¿Seré yo mismo?

- ¿Nos reconoceremos en el cielo?

- ¿Podré vivir con mi cónyuge, hijos o padres?

- ¿Reconoceré a mis abuelos?

- ¿Ellos sabrán quién soy yo?

- ¿Podré comer en ese cuerpo?

- ¿Me enfermaré en ese cuerpo?

Todas estas preguntas las responderemos con evidencias bíblicas. Te garantizo que te sorprenderás con las respuestas.

Por lo tanto, no pospongas más el equiparte de este conocimiento que renovará tu gozo, fe y esperanza en ese momento (muy pronto) glorioso donde vestiremos el cuerpo que Cristo tiene.

¿Estás intrigado(a)?

Te invito a que sigas leyendo para el deleite de tu alma y espíritu.

Capítulo 1

Un pueblo cansado

Siempre me he preguntado cómo serán nuestros cuerpos glorificados. De pequeño leía algunos libros escatológicos que mi padre tenía en su biblioteca, quedando fascinado con los acontecimientos del tiempo final.

Recuerdo que en una ocasión leí un libro acerca de los acontecimientos del milenio, pero me pareció como historia combinada con un poco de ciencia ficción. A medida que crecía y escudriñaba cada vez más la poderosa Palabra del Señor, empecé a comprender que no era ciencia ficción, sino una gran realidad que tarde o temprano enfrentaremos.

Hace un par de años atrás, me arrodillé frente al altar del templo (que por la gracia y misericordia de Dios pastoreaba en el Barrio La Fermina, de Las Piedras, Puerto Rico), para expresarle mi preocupación al Señor. Cada vez que llegaba a diferentes congregaciones a cumplir compromisos, me encontraba con la misma escena: un pueblo cansado.

Los que dirigían la parte devocional del culto prácticamente cantaban solos. Tenían que animar constantemente a la congregación a mantener una alabanza de gratitud en sus labios. Notaba a un pueblo que carecía de la motivación para llegar a su casa. Daba la impresión de que se llegaba al templo por obligación, en lugar de agradecimiento a Dios.

Le dije: ¿"Qué hago, Señor? No sé qué hacer para entusiasmar nuevamente a tu pueblo; si tú no me diriges, no sabré qué hacer; dirígeme, Padre".

Esta oración la hice con el alma en las manos, con la preocupación de que, como pueblo del Señor, necesitábamos algo que nos motivara a seguir las pisadas del Maestro hasta el levantamiento de la Iglesia.

Mientras oraba, escuché la voz del Señor en mi corazón: "Háblales, predícales y enséñales acerca de mi venida. ¿Cómo anhelarán ir a un lugar que desconocen?"

Esto me llevó a desarrollar, dentro de mi iglesia, estudios escatológicos (de los acontecimientos del fin) y posteriormente, noté en los miembros un anhelo de encontrarse con el Deseado de las naciones.

Comencé a hacer encuestas entre los cristianos de distintas denominaciones e iglesias para ver cuál era la necesidad real del pueblo de Dios y encontré algo fascinante.

El 68 % del pueblo cristiano tenía un conocimiento básico

acerca de los acontecimientos de la gran tribulación, del anticristo, etc. y ese conocimiento es importante para entender de qué nos librará el Señor.

Sin embargo, la pregunta del Espíritu Santo me marcó, llevándome a reflexionar y analizar sobre cómo anhelaríamos algo que desconocíamos. Este fue el eje, el punto de la encuesta.

Les pregunté a cristianos adultos y jóvenes, ¿cómo será el milenio? ¿Qué haremos durante el milenio? Es triste decir que la inmensa mayoría carecía de ese conocimiento. No tenían claro qué enseña la Biblia acerca del milenio y menos aún del estado eterno.

Vuelvo a hacer la pregunta que el Espíritu Santo me hizo aquella tarde: ¿Cómo anhelaremos ir a un lugar que desconocemos? En primer lugar, tenemos que conocer de su existencia. En segundo lugar, tenemos que conocer qué ofrece, cuáles son sus pormenores.

Ésa sería la única forma de llamar nuestra atención, curiosidad. El apóstol Juan tenía un conocimiento leve del cielo. Cuando el Maestro estuvo entre los discípulos, les enseñaba con parábolas que muchas veces no entendieron. En una ocasión les dijo:

> *«No se turbe vuestro corazón; creéis en Dios, creed también en mí. En la casa de mi Padre muchas moradas hay; si así no fuera, yo os lo hubiera dicho; voy, pues, a preparar lugar para vosotros. Y si me fuere y os preparare lugar, vendré otra vez, y os tomaré a mí mismo, para que donde yo estoy, vosotros también estéis»*

(Jn 14: 1-3).

Juan tenía un conocimiento a vuelo de pájaro y deseaba llegar allá. No fue hasta su experiencia en la isla de Patmos, que estando en el Espíritu, en el día del Señor, Dios lo sube al cielo. Allí le muestra con gran detalle los acontecimientos de los últimos días y las cosas reservadas para él y nosotros. Después de verlo todo, dice con gran entusiasmo: «Amén; sí, ven, Señor Jesús» (Ap 22: 20).

Su gran sufrimiento y el que estuviera desterrado hasta su muerte en aquella isla dejó de importarle. Después de haber visto y entendido lo que nuestro Dios tiene reservado para nosotros, terminó anhelando más la venida del Señor.

Creo firmemente que, si conociéramos mejor hacia dónde nos dirigimos, lo que haremos allá y cómo seremos, al igual que Juan, no dejaríamos de orar que el Señor vuelva pronto.

La iglesia tiene que sacudirse y recuperar ese entusiasmo que antes mostraba con relación a la venida de Cristo. Hay peligro si la iglesia permanece inerte.

Hace algún tiempo, en nuestra escuela bíblica, el maestro me dio la oportunidad de opinar acerca de lo que dice el capítulo 3, versículos del 15 al 16 de Apocalipsis.

Aunque no pude desarrollar completamente mi pensamiento, debido a que se trataba de un breve comentario, el Señor trajo a mi memoria algo que quiero compartir con ustedes.

Cuando vivía en Puerto Rico, el Señor me dio el honor

y privilegio de enseñar en el colegio bíblico de nuestra organización (Instituto Bíblico Misionero, Inc.), y una de las clases era, Apologética (defensa de la fe), la cual trataba de probar la existencia de Dios sin usar la Biblia.

El curso mayormente giraba en torno a "contestar esas preguntas difíciles sobre nuestra fe". Uno de los temas que tocamos fueron los tres principios o "leyes" (como también son llamados) de la lógica, los cuales gobiernan el proceso de pensamiento y que son aceptados como analíticamente ciertos. La tercera ley de la lógica es conocida como el "principio del tercer excluido".

La Enciclopedia de Filosofía de Stanford ("Stanford Encyclopedia of Philosophy") contiene un artículo escrito por Laurence R. Horn titulado, "Contradicción" ("Contradiction"), donde menciona que *Aristóteles* propuso la ley del tercer excluido (LEM por sus siglas en inglés).

Esta ley declara que un objeto no puede poseer ciertos rasgos ni características que se contradigan entre sí. Un ejemplo de esto puede ser que una persona no puede estar viva y al mismo tiempo estar muerta. [1]

Cuando esta ley es aplicada a lo que se conoce como las proposiciones (oraciones gramaticales), la misma declara que dichas oraciones deben ser ciertas o falsas; no pueden existir ambos rasgos al mismo tiempo. Otro ejemplo puede ser el que un objeto no puede existir ni al mismo tiempo dejar de existir. No puede existir en un estado intermedio.

Dada la ley y su explicación, traigo mi pensamiento: existe una ley divina que nosotros los cristianos debemos usar en nuestro diario vivir, especialmente en nuestras vidas espirituales.

Me sorprende grandemente que los ateos (sí, aquellos que no creen en Dios) se hayan apoderado de esta ley divina mientras que los cristianos la desconocen (sí, los que se supone que seamos expertos en ella).

William Shakespeare, considerado por muchos como "el mejor dramaturgo de todo el tiempo." [2] En una de sus obras famosas titulada "La Tragedia de Hamlet", expresa la famosa frase "to be or not to be that is the question" (ser o no ser esa es la pregunta).

El lenguaje del poema alude a "ser", como vida, y "no ser", a la muerte. Tiene que ser una de las dos. No podemos estar vivos y, al mismo tiempo, muertos hablando en términos físicos.

Si lo vemos desde el punto de vista de Dios, podemos concluir que para él pecamos o no lo hacemos. Le agrada o no, somos o no somos de Dios. Jesús dijo en un momento que somos hijos de Dios o del diablo. «Vosotros sois de vuestro padre el diablo, y los deseos de vuestro padre queréis hacer» (Juan 8: 44ª). Simplemente no existe una opción intermedia para Dios.

Por esto dice: «Yo conozco tus obras, que ni eres frío, ni caliente. ¡Ojalá fueses frío, o caliente! Más porque eres tibio, y no frío ni caliente, te vomitaré de mi boca» (Ap 3: 15-16). ¿Por qué Dios reconoce al cristiano frío y al caliente, pero no al tibio? Porque dentro del lenguaje y la ley de Dios no existe un estatus intermedio. Cualquier cosa que el ser humano intente hacer para tener lo mejor de ambos mundos, el de Satanás y el de Dios, es abominación a Jehová. Por eso el Señor dice:

«Muchos me dirán en aquel día: Señor, Señor, ¿no profetizamos en tu nombre, y en tu nombre echamos fuera demonios, y en tu nombre hicimos muchos milagros? Y entonces les declararé: Nunca os conocí; apartaos de mí, hacedores de maldad» (Mt 7: 22-23).

Estas personas que fueron usadas por Dios, en algún momento dado de sus vidas sanaron a los enfermos, echaron fuera demonios, hicieron milagros.

Sin embargo, por cuanto nunca se definieron, como fríos o calientes, quedándose en el punto medio (tibios), a la hora de la verdad, Dios los tratará como obradores de maldad y los apartará de él por una eternidad.

¡Que en este último tiempo todos estemos dispuestos a autoevaluarnos y definirnos por completo para acercarnos más a Dios! Que cuando él venga (ojalá fuera en este momento) podamos escuchar esas palabras anheladas: «... bien, buen siervo y fiel; sobre lo poco has sido fiel, sobre mucho te pondré: entra en el gozo de tu Señor» (Mt 25: 21).

El Señor nos aconseja que en este tiempo final tengamos presente la "ley del medio excluido" en nuestras mentes y corazones y que nos mantengamos fuera de esa zona gris. Si lo hacemos, iremos por buen camino.

Si encuentras que los golpes de la vida y sus injusticias han agotado tus fuerzas; si reconoces que amas a Dios, pero estás arrastrándote porque tus pies se han debilitado; si anhelas alabar al Señor con todas las fuerzas de tus cuerdas vocales, pero estás desanimado; si sientes que en tu vida hay tibieza; entonces, te invito a que sigas leyendo este libro.

Estoy seguro de que Dios te suministrará fuerzas, ánimo y gozo al saber que su venida es inminente y que pronto estaremos con él en nuestros cuerpos glorificados. Ya nada en este mundo podrá contaminar, enfermar o debilitar ese cuerpo perfecto, reservado para el remanente fiel. Recuerda lo que dice Isaías:

> *«Él da esfuerzo al cansado, y multiplica las fuerzas al que no tiene ninguna. Los muchachos se fatigan y se can-san, los jóvenes flaquean y caen; pero los que esperan a Jehová tendrán nuevas fuerzas; levantarán alas como las águilas; correrán, y no se cansarán; caminarán, y no se fatigarán»* *(40: 29-31).*

¿Tienes alguna pregunta de lo que leíste en este capítulo? Puedes hacerlas o expresar tus comentarios en la página cibernética:

pastornrivera.com

Capítulo 2

El gran plan "A" de Dios

Dios solamente tiene un plan A. Él nunca tuvo ni tendrá la necesidad de uno llamado B. Somos nosotros, los mortales, los que necesitamos un plan alterno, para cuando el principal no pueda ser llevado a cabo. Cada día, sin darnos cuenta, sustituimos con otras decisiones nuestro programa diario original, convirtiendo esta práctica en algo habitual.

Pero, nuestro Dios es diferente. Una de sus características, como el creador supremo de todo, es su omnisciencia, la cual significa que no existe algo que él no sepa. Nada se le escapa ni puede ser sorprendido en ninguna manera ni forma.

A veces, en nuestra forma de predicar o enseñar minimizamos el poder del todopoderoso. A menudo hemos escuchado personas decir, con relación al capítulo 1 de Job - específicamente el verso 6 -, que cuando los hijos de Dios se presentaron ante él, Satanás se infiltró, se coló entre los ángeles.

De ser cierto, entonces nuestro Padre celestial no puede ser omnisciente, ya que según Job 2:1 su adversario vuelve y se infiltra por segunda vez y nadie se dio cuenta; ni los seres angelicales y mucho menos el gran Yo soy.

Los capítulos 1 y 2 de Job no muestran la ineptitud de Dios al no considerar la infiltración de Satanás a tiempo, sino todo lo contrario. Vemos cuán grande es Él al observar cómo su adversario tiene que rendirle cuentas al igual que los demás ángeles al momento que Dios así lo exija.

Puede que haya personas que cuestionen este pensamiento, ya que este comentario puede sugerir que Satanás nuevamente volvió a entrar en el reino de los cielos, cuando la Biblia nos enseña que él no puede volver a subir al cielo, dado que de allí fue expulsado (muy cierta la premisa). Es importante notar que los capítulos 1 y 2 de Job no mencionan el lugar de encuentro, por lo tanto, no se sabe dónde ocurrió.

Para sostener bíblicamente mi pensamiento sobre la inexistencia de un plan B en lo que Dios hace, quisiera llevarlos al primer libro de la Biblia, al génesis de la creación de todo, incluyendo al hombre.

«Luego dijo Dios: Haya expansión en medio de las aguas, y separe las aguas de las aguas» (Gen 1:6).

Podemos observar en su segundo día de creación que Dios crea la expansión en medio de las aguas. El término hebreo empleado para expansión es "Raquia" que dentro del contexto del verso significa "espacio, cielo"

La página web hermeneutics.stackexchange.com en su sección de preguntas y respuestas de la Hermenéutica Bíblica bajo el título del escrito ¿"Cuál es la forma probable en la que los antiguos hebreos habrían entendido"? "Raqiya" en Gn 1: 6? Expresa lo siguiente:

"En Génesis 1: 6, la palabra «firmamento» (hebreo: raqiya) se refiere a lo que llamamos cielo. Separa las aguas de abajo (océanos, lagos, ríos, etc.) de las aguas de arriba (de donde proviene la lluvia). Solo dos versículos después, vemos que Dios llama al firmamento shamayim, es decir, los cielos visibles o «cielo». Strong's sugiere que la palabra significa algo parecido a un techo abovedado. Sin embargo, uno puede ver la misma palabra raqiya usada en Dan 12: 3 donde obviamente indica el cielo" (Traducción al español por el autor del libro). [1]

Siempre digo que los detalles son importantes en especial al analizar la palabra de nuestro Señor. Analicemos algo muy interesante en este verso 6:

1- Dios crea un cuerpo de agua con enormes dimensiones.

2- Él, con las palabras de su boca, hace una división entre ese cuerpo de agua y lo convierte ahora en dos cuerpos.

3- Lo que provoca la división entre ese cuerpo de agua para convertirlo en dos, se llama "expansión" traducido por la palabra "Raquia" en "espacio"

Ahora, tenemos un cuerpo de agua arriba, un espacio en

el medio y otro cuerpo de agua abajo. Seguimos con nuestro análisis.

4- El verso 6 termina diciendo que este proceso, creado por la boca de Dios, se hizo con el propósito de separar "las aguas de las aguas"

Veamos el siguiente verso:

*«E hizo Dios la expansión (**espacio**, énfasis del autor), y separó las aguas que estaban debajo de la expansión (**espacio**), de las aguas que estaban sobre la expansión (**espacio**). Y fue así» (Gen. 1:7).*

El verso 7 lo que hace es que da fin al proceso del verso 6 cuando dice "E hizo Dios (pasado)" y termina diciendo "y fue así". En otras palabras, no hay razón para dudar de él. Lo dijo, lo llevó a cabo y lo terminó.

El verso 8 da un poco más de detalle y le da nombre a ese espacio conocido como "expansión" que mencionan los versos 6 y 7. A ello le llama "cielos" y termina su trabajo del segundo día.

«Y llamó Dios a la expansión Cielos. Y fue la tarde y la mañana el día segundo» (Gen. 1:8).

Las preguntas que debemos hacernos son las siguientes: ¿Por qué Dios acciona de esta manera? ¿Por qué él divide las aguas en dos y deposita un cuerpo en lo que conocemos como el espacio donde están las estrellas?

Entendemos por su palabra que él es un Dios de propósitos, nunca hace algo simplemente por hacerlo. Todo lo que ejecuta o permite es porque envuelve un plan divino, aunque no lo veamos ni entendamos. ¿Por qué puso un cuerpo de agua dónde moran las estrellas? ¿Qué propósito puede existir en ello?

Para poder apreciar y entender ese gran propósito tenemos que trasladarnos al capítulo 7 del libro de Génesis.

> *«El año seiscientos de la vida de Noé, en el mes segundo, a los diecisiete días del mes, aquel día **fueron rotas todas las fuentes del grande abismo, y las cataratas de los cielos fueron abiertas**, y hubo lluvia sobre la tierra cuarenta días y cuarenta noches» (Gen. 7:11-12).*

Éste es uno de los grandes ejemplos de que Dios no tiene ningún plan B, solamente un tipo A por la eternidad. Él sabía de antemano, en su omnisciencia y antes de crear al hombre que ellos no tan solamente le iban a fallar, sino que se encaminarían a alejarse de Él y rechazarlo.

Nuestro Padre celestial siempre supo que dentro de sus juicios justos castigaría a la humanidad rayéndolos del mundo con un diluvio convertido en una inundación sobre toda la tierra por su pecado contra él.

> *«Y las aguas subieron mucho sobre la tierra; y todos los montes altos que había debajo de todos los cielos, fueron cubiertos. Quince codos más alto subieron las aguas, después que fueron cubiertos los montes. Y murió toda carne que se mueve sobre la tierra, así de aves como de ganado y de bestias, y de todo reptil que se arrastra sobre la tierra, y todo hombre. Todo lo que tenía aliento de espíritu de vida en sus narices, todo lo que había en la tierra, murió. Así fue destruido todo ser que vivía sobre la faz de la tierra, desde el hombre hasta la bestia, los reptiles, y las aves del cielo; y fueron raídos de la tierra, y quedó solamente Noé, y los que con él estaban en el arca» (Gen. 7:19-23).*

Para el tiempo de Noé no existía lo que nosotros hoy día conocemos cómo lluvia caer de las nubes. Solamente de mañana toda hierba y hojas de los árboles estaban cubiertos con el rocío de la madrugada.

. Por eso la civilización en sus días se mofaba de Noé. Les predicaba de un acontecimiento nunca imaginado y mucho menos visto... un diluvio de agua descendería sobre la tierra (ver Gen.6:17).

Ese cuerpo de agua que separó Dios y depositó por encima de los cielos en Génesis 1:6, antes de crear los seres humanos lo hizo con el propósito de reservar las cataratas del cielo en su momento de castigo a la humanidad.

Es por esto por lo que Dios hace pacto con el hombre a través de Noé y le promete que nunca más destruiría a la humanidad con agua de inundación. Establece su palabra y la señal que le recordará para siempre su promesa: el arco iris.

«He aquí que yo establezco mi pacto con vosotros, y con vuestros descendientes después de vosotros; y con todo ser viviente que está con vosotros; aves, animales y toda bestia de la tierra que está con vosotros, desde todos los que salieron del arca hasta todo animal de la tierra. Estableceré mi pacto con vosotros, y no exterminaré ya más toda carne con aguas de diluvio, ni habrá más diluvio para destruir la tierra. Y dijo Dios: Esta es la señal del pacto que yo establezco entre mí y vosotros y todo ser viviente que está con vosotros, por siglos perpetuos: Mi arco he puesto en las nubes, el cual será por señal del pacto entre mí y la tierra. Y sucederá que cuando haga venir nubes sobre la tierra, se dejará ver entonces mi arco en las nubes. Y me acordaré del pacto mío que hay

*entre mí y vosotros y todo ser viviente de toda carne; y
no habrá más diluvio de aguas para destruir toda carne.
Estará el arco en las nubes, y lo veré, y me acordaré del
pacto perpetuo entre Dios y todo ser viviente, con toda
carne que hay sobre la tierra. Dijo, pues, Dios a Noé:
Esta es la señal del pacto que he establecido entre mí y
toda carne que está sobre la tierra»* (Gen. 9:9-17).

Dios sabía que el hombre le iba a fallar en el huerto del Edén. Él vio de antemano que esa masa perfecta llamada cuerpo, dada a la humanidad la iba a manchar, dañar y corromper.

Por lo tanto, dentro de su plan A no tan solamente enviaría a su hijo unigénito, sino que crearía un método para la transición entre dos mundos: uno físico-corrupto y el otro venidero, físico-perfecto.

Entre dos cuerpos, el de corrupción y el glorioso sin imperfección, uno literalmente fuera de este mundo. Veamos esto un poco más de cerca.

¿Tienes alguna pregunta de lo que leíste en este capítulo? Puedes hacerlas o expresar tus comentarios en la página cibernética:

pastornrivera.com

Capítulo 3

Una creación especial

Mucha gente se pregunta: ¿Cuál fue la intención de Dios al crear al hombre? Algunos pensarán que Dios se sentía solo y por tal razón nos creó. Aunque, con tantos ángeles en el cielo, dicho motivo parece no ser muy convincente.

Sea cual sea la razón, de algo podemos estar seguros: que Dios siempre tuvo un propósito para hacerlo y en el capítulo anterior pudimos ver que él antes de crear al hombre ya tenía un plan maestro.

Quisiera tocar un punto que estoy seguro será uno controversial. No lo hago con la intención de generar una polémica ni debate, sino que para acentuar ese plan y propósito de nuestro Dios al crear al hombre. No obstante, será uno de que hablar.

Cuando hablamos de la creación del hombre y sus

componentes, solamente existen dos escuelas de pensamiento que se concentran en este tema:

Los Tricotomitas

Estos son del pensamiento que el hombre está compuesto de tres partes particulares, conocidas como el "espíritu, alma y cuerpo". Esta escuela de pensamiento establece que el espíritu del hombre tiene la capacidad o el deber de comunicarse con su creador, nuestro Padre celestial, sin la intervención de ninguna parte del ser humano tales como el entendimiento o mucho menos la razón.

Los Dicotomitas señalan como algo en contra de los Tricotomitas, pero a favor de ellos que solamente se pueden usar dos textos en la Biblia para sustentar la posición de un ente tripartito. Podemos observar según ellos esto como sigue:

> *«Porque la palabra de Dios es viva y eficaz, y más cortante que toda espada de dos filos; y penetra hasta partir el alma y el espíritu, las coyunturas y los tuétanos, y discierne los pensamientos y las intenciones del corazón»* *(He 4:12).*

> *«Y el mismo Dios de paz os santifique por completo; y todo vuestro ser, espíritu, alma y cuerpo, sea guardado irreprensible para la venida de nuestro Señor Jesucristo»* *(1 Ts 5:23).*

El Apóstol Pablo cuando desea para el creyente que el Dios de paz les "santifique", no quiere que sea en forma parcial sino en forma completa, e inmediatamente describe cuales son esas áreas necesarias para cubrir el entero ser: espíritu, alma y cuerpo.

Los Dicotomitas

Estos son del pensamiento que el hombre no está compuesto de tres partes, sino de dos. Consideran que el alma y espíritu son una misma cosa, ya que están ligados/entretejidos como una sola cosa, creando así la misma función. Esto es, el ser humano creado en dos partes complementarias, pero, cada una separada de la otra.

No importa lo que usted ni yo podamos pensar sobre este tema, su postura y la mía tiene que caer dentro de una de estas dos escuelas de pensamiento: Tricotomitas o Dicotomitas. Vuelvo a expresar que reconozco que el hablar de este tema traerá su controversia, pero es necesario para entender la base del cuerpo glorificado.

Someto ante ustedes mi pensamiento basado en las siguientes evidencias encontradas en la Biblia. Partamos de la premisa que Dios crea al hombre (Adán) el sexto día junto al reino animal.

> *«Luego dijo Dios: Produzca la tierra seres vivientes según su género, bestias y serpientes y animales de la tierra según su especie. Y fue así. E hizo Dios animales de la tierra según su género, y ganado según su género, y todo animal que se arrastra sobre la tierra según su especie. Y vio Dios que era bueno. Entonces dijo Dios: Hagamos al hombre a nuestra imagen, conforme a nuestra semejanza; y señoree en los peces del mar, en las aves de los cielos, en las bestias, en toda la tierra, y en todo animal que se arrastra sobre la tierra» (Gn. 1:24-26).*

Podemos deducir del recuento que nos hace Moisés que esta creación llamada hombre se hizo con unas especificaciones detallada. Primero: tenía que ser conforme a la "imagen" de ellos (Padre, Hijo y Espíritu Santo). Segundo: dice Dios que esa "imagen" debe contener la semejanza que ellos comparten. Esto lo vemos en los siguientes versos:

> *«Entonces dijo Dios: Hagamos al hombre a nuestra imagen, conforme a nuestra semejanza; y señoree en los peces del mar, en las aves de los cielos, en las bestias, en toda la tierra, y en todo animal que se arrastra sobre la tierra. Y creó Dios al hombre a su imagen, a imagen de Dios lo creó; varón y hembra los creó» (Gn 1:26-27).*

Vemos que Dios fue claro al decir "hagamos al hombre a «nuestra imagen, conforme a nuestra semejanza»". Vamos a definir las palabras "imagen y semejanza":

La Real Academia Española (RAE por su sigla) define la palabra imagen como sigue:

> *f. Figura, representación, semejanza y apariencia de algo.* [1]

Define también la palabra semejanza como:

> *f. Cualidad de semejante.* [2]

¿Qué significa semejante?

> 1. *adj. Que semeja o se parece a alguien o algo. U. t. c. s.*
> 2. *adj. U. Con carácter de demostrativo, equivale a tal.*
> 3. *m. Semejanza, imitación.*
> 4. *Dicho de una figura: Que es distinta a otra solo por el tamaño y cuyas partes guardan todas respectivamente la misma proporción.* [3]

Imagen es la representación de la forma de una persona o cosa y semejanza es el estado, Cualidad o los hechos que les hacen parecidos a otro.

¿Estará esto refiriéndose a que Dios tiene dos ojos, una nariz, una boca y dos orejas ya que nos creó así? La contestación a esta pregunta es negativa ya que Juan 4: 24ª nos dice que Dios es Espíritu. Por lo tanto, esto implica algo más profundo.

Debido a que él ha demostrado ser creativo e inventor al crear todo el universo y todo lo que contiene, nos hace de manera igual, lo único que a una escala menor.

Me explico, se dice que el bumerán es uno de los inventos más antiguos creados. Se les asocia a indígenas de Australia, aunque hay otros que piensan que este invento va mucho más atrás que este origen. [4]

El punto que quiero traer con este ejemplo es ¿cómo es que el inventor del bumerán lo pudo hacer sin el curso de física 101? ¿Sin estudiar la aerodinámica del mismo? Sencillo, porque fue dotado por Dios al crearnos a su imagen y semejanza.

Es interesante el hecho que Dios es trino.

«Porque tres son los que dan testimonio en el cielo: el Padre, el Verbo y el Espíritu Santo; y estos tres son uno» *(1 Juan 5:7).*

Cuando él nos crea a su imagen y semejanza nos hace trino también al igual que ellos. Nos llama la atención el que la misma ciencia y psicología nos confirma esto.

La ciencia enseña que el cuerpo tiene tres partes:

Cabeza
Tórax
Extremidades

El alma tiene tres pastes:

Mente
Voluntad
Emociones

El espíritu tiene tres partes:

Consciencia
Comunión
Intuición

John McNulty Profesor Emeritus en la Universidad de Loyola Stritch Escuela de la Medicina escribió un artículo interesante el 1 de mayo de 1994 en su pieza titulada: "Lista de los Tres en la Anatomía" declara lo siguiente:

"La estructura del cuerpo humano está organizada en grupos de tres con extraordinaria frecuencia (traducción en español por el autor de este libro)". [5]

Entonces, comienza a enumerar cada una de ellas. Muy interesante su pieza para leer. En el próximo capítulo profundizaremos un poco más con relación a este tópico de las tres áreas del ser humano.

En el segundo capítulo de ese primer libro de Génesis, el autor Moisés nos detalla un poco más el evento. Se nos dice que Dios usa el polvo de la tierra (lodo) y con sus manos formó un muñeco con detalles faciales, torácica y extremidades, pero sin vida. Era simplemente un monigote.

Pero Dios hace algo fascinante a ese maniquí. Él sopla directamente en la nariz que le había creado con la única intención que su aliento de vida penetrara todas sus partes internas, haciendo que tome vida este muñeco creado. Ahora no tenemos un cuerpo inútil sino un alma viviente.

> *Entonces Jehová Dios formó al hombre del polvo de la tierra, y sopló en su nariz aliento de vida, y fue el hombre un ser viviente (Gn. 2:7).*

Hasta ahora todo parece bien. Un muñeco tomó vida. Puede ver, escuchar, hablar, tocar y gustar en forma instantánea. Aquí es donde comienza la controversia si fuera creado trino o dual. Visualicemos ese magno evento: un muñeco al cual Dios le sopla algo dentro de sus narices. ¿Qué fue lo que le sopló? Su aliento que contiene vida.

En el momento que el aliento de Dios entra por los orificios de la nariz de aquel muñeco, algo interesante ocurre. Dicha respiración penetra todas las áreas de ese cuerpo, les da vida a todos sus órganos e instantáneamente crea un alma viviente. Simultáneamente, ese soplo de vida crea también el espíritu del hombre.

Aquí es donde los Dicotomitas plantean que, el ser humano es dual ya que el alma toma vida en el mismo instante que el espíritu. Por lo tanto, el alma es sinónima del espíritu. Seguiremos analizando este dilema.

¿Tienes alguna pregunta de lo que leíste en este capítulo? Puedes hacerlas o expresar tus comentarios en la página cibernética:

pastornrivera.com

Capítulo 4

La anatomía de esa creación especial

Quisiera definir las tres áreas conocidas como cuerpo, alma y espíritu para propósitos de lo que estudiaremos a continuación.

Cuerpo (Soma)

El mundo secular y la ciencia lo define como "la parte física y material. En el caso del ser humano y los animales. El cuerpo está formado por sistemas, que se componen a su vez de órganos, los cuales están formados por tejidos". [1]

El Diccionario Bíblico Mundo Hispano lo define como:
"A un cadáver (Mt 27:52), al cuerpo físico de uno (Mr 5:29) y al ser humano expresado en y a través de un cuerpo (He 10:10), (1 P 2:24). Pablo consideró el cuerpo como la expresión de la persona total (Ro 12:1) y advirtió contra el mal uso del cuerpo (1 Co 6:13), ya que para el creyente es el templo del Espíritu Santo (1 Co 6:15), (1 Co 6:19). Sin embargo, el cuerpo es afectado

por el pecado y por eso puede llamarse el cuerpo del pecado (Ro 6:6) y cuerpo de muerte (Ro 7:24). Hay un cuerpo físico para esta vida y un cuerpo espiritual para la vida después de la resurrección" (1 Co 15:38 ss.). [2]

La ciencia humana nos enseña que el cuerpo del ser humano está compuesto de tres partes, las cuales son:

Cabeza
Tórax
Extremidades

Como mencionamos anteriormente, la función del cuerpo es tener relación con las cosas tangibles y físicas de este mundo. El mismo nos sirve también como casa a nuestra parte psíquica (espiritual) conocidas por alma y espíritu. Dios lo creó del polvo de la tierra (Gn. 2:7); es la parte exterior del ser humano.

¿Por qué siendo Dios espíritu crea al hombre físico y no espíritu? Lo hace físico para que el hombre pueda relacionarse con lo creado por Dios aquí en la tierra, en este mundo tangible y para que pudiera señorear sobre su creación, según Génesis 1 :26 y 28.

Dios en su amor infinito por el hombre, creó un universo primero, donde puso en él un mundo llamado tierra. ¿Cuál fue el propósito de esta creación? Establecer un lugar llamado casa dónde él iba a poner a la creación más importante: el hombre.

En la misma manera Dios crea una casa terrenal (cuerpo) sacado del polvo de la tierra y una vez terminada la casa, Dios deposita en ella el alma y espíritu.

Alma (Nefésh/Psuche)

Entendemos que sería contraproducente usar autores que no creen en Dios para llegar a una definición bíblica. Por lo tanto, dejaremos que sea la palabra de Dios la que nos defina y nos de ejemplos de lo que la palabra "alma" significa para Dios y no el hombre.

La palabra "alma" (nefésh) ha sido usada a través de la Biblia para señalar tanto al ser humano como también al animal. El Antiguo Testamento usa la palabra más de 750 veces, de las cuales un promedio de 470 como "alma". En el Nuevo Testamento aparece más de 100 veces, de las cuáles un promedio de la mitad como alma.

La problemática surge en que esta palabra tenga diversidad de significados contextuales. Por lo tanto, es necesario hacer un examen minucioso cada vez que aparece en la Biblia y definirla dentro de su propio contexto. Estoy seguro de que todos podemos estar de acuerdo en que el alma es distinta al cuerpo.

Debemos entender qué es el alma para Dios y cómo él lo ve y lo define.

1- "El alma del animal su sangre es". Al estudiar el contexto, aquí la palabra "alma" se presenta como la vida del animal:

> *«Porque el alma de toda carne, su vida, está en su sangre: por tanto, he dicho a los hijos de Israel: N o comeréis la sangre de ninguna carne, porque la vida de toda carne es su sangre; cualquiera que   la comiere será cortado» (Lev 17:14 RVA).*
>
> *«Solamente que te esfuerces a no comer sangre: porque*

la sangre es el alma; y no has de comer el alma junta-
mente con su carne» (Deut. 12:23 RVA).

2- Así como el cuerpo humano (Job 33:28:30; Salmo 16:9-
10), el alma se puede contaminar (Salmo 41:4), se puede
turbar (Salmo 43:5, 11, 43:5), puede tener sed de Dios (Salmo 63:1), puede corromperse (Prov, 6:32), o sentir emociones (Salmo 86:4); es también la que debe adorar a Dios
(Salmo 103:2) y la que puede pecar (Ez. 18:4,20; Miq, 6:7;
Hab. 2:4). Estos son algunos ejemplos de cómo la Biblia
define la palabra "alma" dentro de su contexto.

Quisiera traerle a colación otra definición de esta palabra que
estamos descifrando dentro de su contexto. Esta vez, como un
ente espiritual creado para nunca dejar de existir. La psicología
nos enseña que, aunque el alma es un elemento espiritual (el yo),
este está compuesto por:

Mente
Voluntad
Emociones

Para Dios, viene a ser la parte más importante de un individuo
como un ente vivo.

Volviendo a analizar la frase "a nuestra imagen y semejanza",
es importante entender que nuestro Dios es eterno, no tiene fin.
Nos enseña la Biblia que nuestro Padre celestial tiene un alma
(Lev. 26:30, Prov. 6:16, Jer. 6:8):

«Y pondré mi morada en medio de vosotros, y mi alma
no os abominará» (Lev. 26:11).

Debido a que su alma es eterna (recordemos que él no tuvo principio ni tiene fin), Dios crea en el hombre un alma eterna (esta sí tuvo un comienzo, pero no tiene fin), para que seamos a su imagen y semejanza.

Analicemos esto. La intención de Dios fue crear seres que vivieran por siempre (a su semejanza). También quería Dios que estos seres humanos dominasen aire, tierra y mar en este planeta llamado Tierra (Gen 1:26). Por tal motivo, los puso en un paraíso llamado Edén.

Dios les dio una orden para que la cumpliesen al pie de la letra: "de todo árbol del huerto comerás más el árbol de la ciencia del bien y del mal o comerás (Gen 2:16-17)". En otro capítulo más adelante hablaremos de esto con lujo de detalles.

El ser humano por su propia voluntad opta por desobedecer a Dios y, por ende, tiene que acarrear las consecuencias de su mala decisión. Esto implicaba que, en ese momento de desobediencia - según la sentencia de Dios -, iban a morir. ¿A qué muerte se estaba refiriendo Dios? Hacía referencia a ambas muertes: la espiritual y la física.

Murieron espiritualmente en forma instantánea y físicamente en forma progresiva, ya que sus cuerpos comenzaron a envejecer hasta el día de su muerte física también y hasta el día de hoy, esa es la ley de la vida. Recuerden, Dios había creado una casa para el alma inmortal llamado cuerpo.

Cuando el hombre desobedece a Dios, la muerte espiritual inmediatamente toma posesión del alma (parte interior del cuerpo). En forma simultánea, ese cuerpo físico (parte exterior) comienza a sufrir cambios progresivamente hasta que vuelve al lugar de donde Dios lo creó: el polvo.

Ahora tenemos un alma inmortal en un cuerpo perecedero. A "esa" alma inmortal hay que ubicarla en un lugar donde pueda permanecer después que el cuerpo físico deje de existir.

¿Qué hacer con el alma del ser humano una vez que el cuerpo físico muera?

Para esto son los dos lugares de espera. Son preludios de uno de los dos lugares que cada uno de nosotros los mortales debemos elegir. Esto, mientras estemos vivos, en nuestros cuerpos físicos y en este mundo.

Hago un paréntesis para decir que, por tanto, Dios nos enseña que debemos tomar esta decisión mientras estemos vivos en este mundo. Tenemos que elegir dónde queremos pasar la eternidad. Después de que dejemos este mundo, no tendremos más opciones ... será demasiado tarde.

Dios, en su omnisciencia majestuosa (omnisciente), conocía de antemano la decisión del hombre. Sabía que la sentencia de muerte que iba a dictar iba a seguir su curso. Por tanto, Dios preparó de antemano dos moradas temporales para los que mueren en él y para los que mueren sin él.

Según la Biblia, estos dos lugares de espera son antesalas al cambio de ese cuerpo eterno que llevará el alma para una vida eterna con Cristo (cuerpo glorificado) o modificado para la eternidad sin él.

Esto ocurrirá en el tribunal de Cristo (Bima) para los salvos y el otro en el juicio del gran trono blanco de Dios el Padre para aquellos que no quisieron ser salvos.

¿Cuáles son los nombres de estos dos lugares temporales antes que los permanentes?

Estos dos lugares temporales se llaman "paraíso" e "infierno". Creo que no necesitan explicación más allá de decir que el paraíso es el lugar de espera para los que mueren en Cristo y el infierno para los que mueren sin Cristo.

Adán y Eva decidieron voluntariamente desobedecer el mandato de Dios comiendo del fruto del árbol prohibido. Con sus acciones provocaron una cadena de acontecimientos donde, hasta el día de hoy, vemos las consecuencias de esta terrible decisión (lo veremos en los capítulos 8-10 de Génesis).

Cómo arruinaron el esplendor de la casa del alma llamada cuerpo humano. Después de la caída ya no fue eterna como sus almas.

Si se está preguntando cuáles son los lugares permanentes en la eternidad, son la Nueva Jerusalén para los salvos y el lago de fuego para aquellos que eligen vivir separados de Dios.

¿Qué podemos decir sobre el espíritu del ser humano?

Espíritu (neuma/Rúaj)

Es interesante que la palabra "Espíritu" tanto en hebreo (rúaj) como en el griego (neuma), es usada tanto para describir al Espíritu Santo como a los espíritus de los hombres; sabemos que el Espíritu Santo es uno solo, la tercera persona de la trinidad, siendo igual que Dios y Jesús, coeterno con ellos.

Pero, el espíritu del hombre a su vez son muchos, ya que cada ser humano tiene su propio espíritu. Esto lo vemos en Número 27:16:

> *«Ponga Jehová, Dios de los espíritus de toda carne, un varón sobre la congregación»,*

John J. Parsons en su página cibernética hebrew4christians. com define espíritu de la siguiente manera (traducción en español por este servidor):

> *"En el Tanáj, la palabra rúa generalmente significa viento, aliento, mente o espíritu. En una criatura viviente (nefésh chayah), el ruáj es el aliento, ya sea de los animales (Gen 7:15; Sal 104:25, 29) o de la humanidad (Is 42:5; Ez 37:5). Dios es el creador del ruáj: El ruáj de Dios (viene de Dios) está en mis narices (Job 27:3). En las manos de Dios está el ruáj de toda la humanidad (Job 12:10; Is 42:5). En cuanto a la humanidad, el ruáj más allá denota el principio de la vida que posee la razón, voluntad y consciencia. El ruáj imparte la imagen divina al hombre y constituye la animación dinámica la cual resulta en el nefésh del hombre cómo la materia de la vida personal".* [3]

Podemos decir que el espíritu (del hombre) es el soplo de vida depositado por Dios para que pueda relacionarse con su creador.

Por esto, el orden de Dios dado a la iglesia a través de Jesucristo, donde establece que la adoración debe ser en "espíritu" y en verdad.

> *«Mas la hora viene, y ahora es, cuando los verdaderos adoradores adorarán al Padre en espíritu y en verdad; porque también el Padre de tales adoradores busca que le adoren: Dios es Espíritu; y los que le adoran, en espíritu y en verdad es necesario que adoren» (Juan 4:23-24).*

Si notamos, en estos dos versos la palabra "espíritu" aparece tres veces. Podemos decir sin temor a equivocarnos que, si una palabra es repetida varias veces en un pensamiento o verso como en el verso 24, debemos darle especial atención.

Debido a que Dios es Espíritu, nuestra relación y búsqueda con él debe ser en ese ámbito espiritual. Para que esta relación pueda tener éxito y pueda ser efectiva, tienen que cumplirse dos cosas. Una de parte de Dios y la otra de parte del hombre. En otras palabras, esta relación funcionará con el 50 % de Dios y el 50 % del hombre. ¿Acaso así no es cómo una relación exitosa debe funcionar?

Es por esto por lo que el apóstol Pablo expresa dos cosas importantes y fundamentales en 1 Tes 5:23.

Primero: presenta algo que viene del cielo a la tierra; de Dios hacia el hombre. Él nos dice que: *"Y el mismo Dios de paz os santifique por completo"*. Una transacción de arriba hacia abajo.

Segundo: nos presenta algo que comienza en la tierra y termina en el cielo. Del hombre hacia Dios: "Y todo vuestro entero ser", se nos da una orden, "sea guardado" ¿cómo? y ¿en qué forma? "Irreprensible para la venida de nuestro Señor Jesucristo". Una transacción de abajo hacia arriba.

¿Cuál es la definición de irreprensible? El diccionario gratis de Farlex (Free Dictionary by Farlex) nos lo define cómo:

Que no puede ser reprendido o reprochado por considerarse correcto. Que no merece reprensión. [4]

Como mencioné anteriormente, Dios espera de nosotros que cumplamos con nuestra parte, ya que él es fiel y no fallará cumpliendo con la suya. Dios es santo y jamás podrá tener una relación con una persona en pecado.

Muchas veces escuchamos a personas citar textos de la Biblia con palabras que no aparecen en la misma. Por lo tanto, la interpretación, aunque ha sido la más aceptada, sigue siendo errónea. Uno de estos textos (no bíblico) es: "Porque Dios aborrece el pecado, pero ama al pecador". Este supuesto texto no aparece en la Biblia y contradice lo que aparece desde el Génesis al Apocalipsis.

Las Sagradas Escrituras dicen lo siguiente:

«Porque tú no eres un Dios que se complace en la maldad; El malo no habitará junto a ti. Los insensatos no estarán delante de tus ojos; Aborreces a todos los que hacen iniquidad» (Sal 5:4-5).

«Dios es juez justo, Y Dios está airado contra el impío

todos los días» (Sal 7:11).

*«La ira de Jehová contra los que hacen mal (Sal 34:16).
El que cree en el Hijo tiene vida eterna; pero el que re-
húsa creer en el Hijo no verá la vida, sino que la ira de
Dios está sobre él» (Juan 3:36).*

Como podemos ver, tiene que existir un comportamiento irreprensible, así como él lo demanda para lograr una verdadera relación con él. Es por esto también que Jesús enfatiza en Juan 4: 23 que "el Padre está buscando" (noten la palabra que usa), «verdaderos» adoradores. ¿Cuándo se usa la palabra verdadero? Cuando tú quieres separar un grupo o algo que, aunque se parece a lo original o se hace pasar por lo genuino, no lo es.

Es aquí donde se usa este adjetivo para calificar o determinar al sustantivo. El texto implica que dentro de todos aquellos que dicen que le adoran, él está buscando a quienes se separan de lo común, aquellos que para él cumplen con su requisito. A ellos les llama los "verdaderos". No es lo mismo decir soy un adorador y que Dios nos diga "pero no eres uno de los verdaderos que estoy buscando".

Aquí es donde podemos ver el propósito de Dios al dotarnos con un espíritu. Dios lo deposita en nosotros para que podamos tener esa relación única con él. ¿Sabía usted que nuestro espíritu nos delata ante Dios? Veamos esto de cerca:

Lámpara de Jehová es el espíritu del hombre, la cual escudriña lo más profundo del corazón (Prov. 20:27)

Primero: el verso nos habla de una lámpara. ¿Cuál es el

propósito de este tipo de utensilio? ¿Para qué se necesita? Su propósito es ayudarnos a ver con mayor claridad aquello que está cubierto de oscuridad, lo cual sin esa luz artificial no se puede reconocer lo que en la densa oscuridad se oculta. Segundo: establece sin temor a equivocarse de quién es ese utensilio, de Jehová. Tercero: identifica y le da nombre a ese utensilio llamado lámpara, "el espíritu del hombre".

Ahora vemos algo interesante. El proverbista nos llama la atención a la razón por la cual esa lámpara - llamada el "espíritu del hombre"- es depositada por Dios en esta casa terrenal del alma llamado cuerpo, para escudriñar (investigar algo con mucha atención, averiguar) lo más profundo del corazón. ¡Qué interesante!

Esto lo que nos enseña es que cuando pecamos a escondidas para que nadie nos vea, nuestro espíritu - que es una lámpara - entra en lo más profundo de nuestro ser y saca a la luz (alumbrando) nuestro pecado ante Dios.

¿Tienes alguna pregunta de lo que leíste en este capítulo? Puedes hacerlas o expresar tus comentarios en la página cibernética:

pastornrivera.com

Capítulo 5

Nuestro futuro está en nuestro pasado

Para comprender las ramificaciones del cuerpo glorificado, tenemos que ir al primer libro de la Biblia Génesis. La Biblia nos enseña que Dios, en su momento, creó al ser humano perfecto para que "señorease" ('dominar o mandar en algo como dueño de ello') y "sojuzgase" ('sujetar, dominar, mandar con violencia') sobre todo aquello creado en este mundo:

> *«Entonces dijo Dios: Hagamos al hombre a nuestra imagen, conforme a nuestra semejanza; y señoree en los peces del mar, en las aves de los cielos, en las bestias, en toda la tierra, y en todo animal que se arrastra sobre la tierra. Y creó Dios al hombre a su imagen, a la imagen de Dios lo creó; varón y hembra los creó. Y los bendijo Dios, y les dijo: Fructificad y multiplicaos; llenad la tierra, y sojuzgadla, y señoread en los peces del mar, en las aves de los cielos, y en todas las bestias que se mueven sobre la tierra» (Gn 1: 26-28).*

La primera pregunta que debemos hacernos es, ¿por qué Dios colocó al ser humano en el huerto del Edén? En segundo lugar, ¿por qué allí en específico? Para contestar estas preguntas y así lograr entender ese gran propósito de Dios tenemos que trasladarnos antes de la creación al momento de la caída de un ángel llamado Lucifer. Dice las Sagradas Escrituras con relación a este lucero de la mañana cuando fue creado y puesto en el huerto del Edén lo siguiente:

«En Edén, en el huerto de Dios estuviste; de toda piedra preciosa era tu vestidura; de cornerina, topacio, jaspe, crisólito, berilo y ónice; de zafiro, carbunclo, esmeralda y oro; los primores de tus tamboriles y flautas estuvieron preparados para ti en el día de tu creación. Tú, querubín grande, protector, yo te puse en el monte santo de Dios, allí estuviste; en medio de las piedras de fuego te paseabas. Perfecto eras en todos tus caminos desde el día que fuiste creado, hasta que se halló en ti maldad. A causa de la multitud de tus contrataciones fuiste lleno de iniquidad, y pecaste; por lo que yo te eché del monte de Dios, y te arrojé de entre las piedras del fuego, oh querubín protector. Se enalteció tu corazón a causa de tu hermosura, corrompiste tu sabiduría a causa de tu esplendor; yo te arrojaré por tierra; delante de los reyes te pondré para que miren en ti. Con la multitud de tus maldades y con la iniquidad de tus contrataciones profanaste tu santuario; yo, pues, saqué fuego de en medio de ti, el cual te consumió, y te puse en ceniza sobre la tierra a los ojos de todos los que te miran. Todos los que te conocieron de entre los pueblos se maravillarán sobre ti; espanto serás, y para siempre dejarás de ser» (Ez 28: 13-19).

«¡Cómo caíste del cielo, oh, Lucero, hijo de la mañana! Cortado fuiste por tierra, tú que debilitabas a las naciones. Tú que decías en tu corazón: Subiré al cielo; en lo alto, junto a las estrellas de Dios, levantaré mi trono,

y en el monte del testimonio me sentaré, a los lados del norte; sobre las alturas de las nubes subiré, y seré semejante al Altísimo. Mas tú derribado eres hasta el Sol, a los lados del abismo. Se inclinarán hacia ti los que te vean, te contemplarán, diciendo: ¿Es éste aquel varón que hacía temblar la tierra, que trastornaba los reinos; que puso el mundo como un desierto que asoló sus ciudades, que a sus presos nunca abrió la cárcel? Todos los reyes de las naciones, todos ellos yacen con honra cada uno en su morada; pero tú echado eres de tu sepulcro como vástago abominable, como vestido de muertos pasados a espada que descendieron al fondo de la sepultura; como cuerpo muerto hollado. No serás contado con ellos en la sepultura; porque tú destruiste tu tierra, mataste a tu pueblo. No será nombrada para siempre la descendencia de los malignos» (Is 14: 12-20).

Sabemos que Lucifer fue un arcángel creado. La Biblia dice:

«Todas las cosas por medio de él fueron hechas, y sin él nada de lo que ha sido hecho fue hecho» (Jn 1: 3)

«Porque en él fueron creadas todas las cosas, las que hay en los cielos y las que hay en la tierra, visibles e invisibles; sean tronos, sean dominios, sean principados, sean potestades; todo fue creado por medio de él y para él» (Col 1: 16).

Fue una creación como Dios solamente sabe hacer: *«Perfecto eras en todos tus caminos desde el día en que fuiste creado hasta que se halló en ti maldad»* (Ez 28: 15). ¿Cómo puede encontrarse una imperfección en algo perfecto? De igual forma, ¿cómo puede en un ser perfecto encontrarse maldad? Esto nos puede llevar a hacernos otra pregunta ¿tendrá esto que ver con cómo fue engendrado el pecado? Estas preguntas están entrelazadas entre sí, ya si contestamos una las otras serán de igual forma contestadas.

Existen algunos que dicen que, si Dios lo creó todo, también creó el pecado. Pero esa aseveración está muy lejos de la verdad. Dios bajo ningún concepto creó el pecado. Entonces, ¿cómo se introdujo?

Debido a que en Lucifer (también conocido como Luzbel) se halló maldad, comete el gran pecado de rebelión contra Dios (el cual Dios toma muy en serio), por lo que fue, echado del monte santo (Ez 28: 15-17). Dios en el cielo lo juzga y sentencia por su gran pecado y traición. Analicemos esto; quisiera comenzar hablando del carácter y la maldición de Satanás, sobre lo cual notamos tres cosas.

La maldición de Satanás

Lucas escribe: «*Y les dijo: Yo veía a Satanás caer del cielo como un rayo*» (10: 18). Permítame preguntarle, ¿tenía Lucifer acceso al cielo? La contestación es afirmativa. Pero Cristo dice, "Yo vi a Satanás..."; es decir que el nombre de este arcángel en específico (Lucifer) fue cambiado antes de que fuera echado del cielo. Jesús dice que vio a Satanás, no a Lucifer, como se llamaba antes de su rebelión.

Pero cuando se rebeló y fue sentenciado, su nombre fue cambiado a Satanás que significa, "adversario u opositor de Dios". En la Biblia, los nombres son importantes, porque reflejan el carácter de las personas. Los nombres de Dios reflejan su carácter. Los nombres de Satanás reflejan su carácter. Él es el adversario de Dios. Junto a un grupo de ángeles planificó destronarlo. Pero quisiera que de este versículo sacaran una segunda observación.

Testigo del evento

Jesús dice que estaba observando. Un momento... pero si nació casi cuatro mil años después de la creación de Adán y Eva, en un pesebre pobre, en Belén de Judea. Este acontecimiento tuvo que haber transcurrido antes de la creación del ser humano. Te estarás preguntando, ¿de dónde sacamos esta cifra de los cuatro mil años entre Adán y Jesús?

Bueno, Kyle Butt, en su artículo escrito para la página cibernética, "Apologetic Press" (Prensa Apologética), titulado, "The Bible says the Earth is Young" (La Biblia dice que la Tierra es joven), expresa lo siguiente: "En el capítulo 3, Lucas enumera 55 generaciones entre Jesús y Abraham, que según la arqueología cubre un tiempo de alrededor de dos mil años" (véase Kitchen y Douglas, 1982).

En ese mismo capítulo, Lucas documenta solamente veinte generaciones entre Adán y Abraham. ¿A cuánto tiempo se refiere? Debido a que el capítulo 5 de Génesis provee las edades de los padres al momento de los nacimientos de sus hijos, desde Adán a Abraham, basta con que calculemos los años durante ese lapso, que resultan ser de alrededor de 2.000. En forma de tabla sería:

Presente a Jesús	2,000 años
Jesús a Abraham	2,000 años (55 generaciones)
Abraham a Adán	2,000 años (20 generaciones)

Tabla 1

El que 55 generaciones entre Jesús y Abraham cubrieran 2.000 años, mientras que, entre Abraham y Adán solamente veinte cubre la misma cantidad de tiempo, es explicado por las edades de los patriarcas (p. ej. Matusalén vivió 969 años, Gn 5: 27) ibíd. Butt trae a colación lo siguiente:

En un sentido, la Biblia nos dice exactamente cuántos años tiene la Tierra. Jesús declara: «... pero al principio de la creación, varón y hembra los hizo Dios» (Mc 10: 6). Algunos han argumentado que las genealogías de Génesis no pueden ser usadas para comprobar la edad de la Tierra porque contienen grandes huecos. Pero en el versículo 14 de Judas, el escritor dice que Enoc fue el séptimo de Adán (ocupa exactamente el séptimo lugar en las genealogías de Gn 5: 21). Por lo tanto, sabemos que no existe un hueco entre los siete primeros patriarcas, porque Judas, escribiendo bajo la inspiración del Espíritu Santo, confirma el relato del Antiguo Testamento.

Esto deja solamente 13 generaciones con posibles huecos. Para poder acomodar el escenario evolutivo de que el ser humano ha estado en esta Tierra (de alguna forma) por aproximadamente 3.5 millones de años, habría que insertar aproximadamente 290,000 años entre cada una de las 13 generaciones (traducción al español del autor). [1]

Volvamos a Jesús como testigo del evento en el cielo. ¿Cómo es posible que lo halla presenciado? Tuvo que haber estado presente. ¿Comprendes hacia dónde voy? Por eso es por lo que le servimos a un Dios grande. Juan dice: «En *el principio era el Verbo y el Verbo era con Dios, y el Verbo era Dios*» (Juan 1: 1). Qué verso tan profundo para revelar a Jesucristo como Dios-Hijo.

Ahora, quiero que veamos la tercera observación del capítulo 10, versículo 18 de Lucas.

La maldición de su carácter

La maldición del carácter es comprobada por el cambio de su nombre: de Lucifer, "el que brilla o la estrella de la mañana", a Satanás, "el enemigo, adversario, opositor de Dios". Éste es mi punto. Cuando una persona cristiana o impía, se rebela contra de Dios, su carácter es afectado.

Ya no es como la conocíamos. Por eso, es importante que estemos en paz con Dios. Estamos en rebeldía cuando no queremos hacer las cosas a la manera de Dios, tal y como están escritas en su Palabra.

Cuando uno viene a los pies de Cristo, le entrega su vida, se convierte en cristiano (seguidor de Cristo), en parte integral de los asuntos de Cristo y de su carácter. Es una "nueva criatura", porque hubo un cambio de carácter, tanto así que inmediatamente es conocida como cristiana.

Por esto, cuando a Satanás lo echaron del cielo, le cambiaron el nombre. Dejó de resplandecer con ese brillo santo, puro y perfecto.

Ahora, veamos cuál fue su sentencia: «*Entonces dirá también a los de la izquierda: Apartaos de mí, malditos, al fuego eterno preparado para el diablo y sus ángeles*» (Mt 25: 41). Una sentencia bastante severa, ¿no creen? No tan solamente tuvo un cambio de nombre, sino que fue maldito eternamente, sin la oportunidad de quedar en libertad.

Una sentencia pronunciada por la misma boca de Dios; por ende, creando el fuego eterno como la prisión eterna de Satanás. Más adelante, el capítulo 20, versículo 10 de Apocalipsis, llama a esa prisión, "el lago de fuego".

El ser humano solamente irá a ese lugar por su lealtad a Satanás. No fue creado para el ser humano, pero como está obstinado en seguirle por sus deleites, sufrirá las consecuencias y caerá bajo la maldición, el castigo y la sentencia eterna de Satanás.

Después de esto, Dios crea al hombre y la mujer y les da el nombre de Adán, como podemos ver en este próximo verso: «*Varón y hembra los creó; y los bendijo, y llamó el nombre de ellos Adán, el día en que fueron creados*» (Gn 5: 2).

Adán, luego, llamó "Eva" a su mujer. Dios no crea a la humanidad con el único y exclusivo propósito de que le adorara, como muchas veces escuchamos, sino que la adoración es parte de un propósito profundo, el cual veremos en el capítulo 6

(Propósito original para el ser humano).

Pudiera alguien preguntarse: si Dios es tan bueno, ¿por qué colocó a Adán y Eva en el jardín donde Satanás también, se paseaba? Dios sabía de antemano que iban a fallarle. ¿Por qué, entonces, permitió o provocó esta situación?

Él crea al ser humano para mostrarle a Satanás (no que estuviese obligado a probarle algo) la razón por la que nunca más volvería a ser un ángel de luz en su monte santo, sino que iría al lago de fuego junto con sus ángeles (Mt 25: 41).

Quisiera que vieras algo interesante. Dios crea una situación paralela entre el ser humano y Lucifer:

Lucifer	Adán
Fue una creación perfecta con libre albedrío.	Fue una creación perfecta con libre albedrío.
Su hogar se llamaba el Edén (Ez 28: 13).	Su hogar se llamaba el Edén (Gn 2: 8).
Se le dio para que señorease sobre todo ámbito angelical.	Se le dio para que señorease sobre todo ámbito natural.
Tenía acceso directo a Dios en su Monte santo.	Tenía acceso directo a Dios en el huerto.

Tabla 2

Dios coloca al ser humano en las mismas condiciones de Lucifer para enseñarle a (ahora) Satanás que con una criatura inferior (el hombre) lograría su propósito original en el huerto.

¿Tienes alguna pregunta de lo que leíste en este capítulo? Puedes hacerlas o expresar tus comentarios en la página cibernética:

pastornrivera.com

Capítulo 6

El propósito original para el ser humano

El Salmo 8 es un cántico de adoración hacia el Creador de los cielos, la tierra y todo ser viviente. Quisiera compartir algo que considero importante dentro de este análisis, pero antes debo hacer una aclaración. Bajo ningún concepto estoy diciendo, insinuando ni dando la impresión de que el ser humano es un pequeño dios, semidiós, o dios junior en igualdad de estatus con nuestro Padre celestial.

El salmista David nos demuestra en este capítulo cómo Dios revela su grandeza presentando su intención original de constituir una relación recíproca con el ser humano. En primer lugar, tiene una relación única con Dios. Fue hecho poco menor que los ángeles. Esta expresión extraordinaria contiene la revelación del propósito de Dios para con el ser humano. Según el libro de Génesis:

Entonces dijo Dios: «Hagamos al hombre a nuestra imagen, conforme a nuestra semejanza; y señoree en los peces del mar, en las aves de los cielos, en las bestias, en toda la tierra, y en todo animal que se arrastra sobre la tierra. Y creó Dios al hombre a su imagen, a imagen de Dios lo creó; varón y hembra los creó» (1: 26-27).

Éste sería el instrumento para su trabajo aquí en la tierra y la expresión de su carácter y ser. Era la criatura más cercana a Dios. Ninguna otra es tan cercana, ya que Dios mismo viviría con y en medio de ésta. Su intención era ser la gloria del ser humano vivificante.

En otras palabras, sería el portador de su gloria en la tierra. Más allá, el salmista establece que, debido a esta relación única, el ser humano fue diseñado para que dominara todas las cosas. Iba a reinar o enseñorearse sobre la creación animal y toda fuerza natural en el mundo en el que vivimos y hacerlo de una forma efectiva.

Leemos en los versos 6-8: *«Le hiciste señorear sobre las obras de tus manos; todo lo pusiste debajo de sus pies: ovejas y bueyes, todo ello, y asimismo las bestias del campo, las aves de los cielos y los peces del mar; todo cuanto pasa por los senderos del mar».*

Aunque pudiéramos decir (hasta cierto punto) que esto es cierto, debido a que el ser humano puede hacer valer su voluntad sobre los animales del mundo, no es lo que el salmista quiere mostrarnos. No está hablando de la habilidad humana para obligar ni forzar a la creación animal a la obediencia, sino de la relación que Dios pretendía: que los animales voluntariamente sirvieran al ser humano.

Esto lo avistamos en la habilidad humana para domesticarlos. Tal vez tengas perros, gatos o aves en tu hogar. Los has enseñado y por lo tanto, voluntariamente y contentos se te someten por lo menos, la mayoría de las veces. Eso es un reflejo muy pequeño de lo que el salmista está describiendo. Es una demostración de la buena disposición del mundo de obedecer al ser humano.

Hubo un programa de televisión a donde el público llevaba a sus animales ante unos jueces para demostrarles cuan bien entrenados que estaban. Los jueces evaluaban y al final escogían al ganador. Lo interesante era la diversidad de animales que llevaban al programa, tales como perros, cotorras, cerdos, caballos, toros, vacas, zorras y hasta lagartijas que hacían trucos y seguían instrucciones.

Era impresionante ver a cada animal doméstico y salvaje obedeciendo a sus dueños y amos. Imagíneselo a gran escala, donde todo animal obedecía la voz del ser humano. Lo que ahora vemos y nos asombra, no se compara con lo que hubiera sido si el ser humano hubiese obedecido a la voz del Señor.

En el libro de Hebreos, el autor cita este pasaje, añadiéndole dos cosas bien significativas: «*Todo lo sujetaste bajo sus pies. Porque en cuanto le sujetó todas las cosas, nada dejó que no sea sujeto a él; pero todavía no vemos que todas las cosas le sean sujetadas»* (2: 8). En primer lugar, no vemos todas las cosas sujetadas al dominio del ser humano.

Vemos que, debido a la caída, está profundamente perdido y pervertido, que, en lugar de sojuzgar la creación para el bien, lo hace para el mal. Está contaminando el aire y consumiendo los recursos naturales a un ritmo acelerado y preocupante. Ha contaminado las aguas y la tierra, haciendo casi imposible que la vida humana continúe.

Debemos aceptarlo. No podemos ignorarlo. Cada vez que nos levantamos de la cama, sin importar hacia dónde miremos, somos confrontados con esto. Cada vez que respiramos experimentamos la evidencia terrible de lo que el autor de Hebreos dice: que todas las cosas todavía no son sujetas al ser humano.

En segundo lugar, dice en el versículo 9: «Pero vemos a aquel que fue hecho un poco menor que los ángeles, a Jesús, coronado de gloria y de honra, a causa del padecimiento de la muerte». Debido a su sufrimiento de muerte, Dios coronó a su hijo Jesús (el postrer Adán) con la gloria y el honor que en un principio pensó darle al ser humano. En Jesús vemos la intención de Dios con su creación original.

Las preguntas que podríamos hacernos ahora son: ¿Cuál es el propósito de la vida? ¿Por qué estamos aquí? ¿Cuál es mi razón de ser? La contestación puede resumirse así: si ha conocido a Jesús, Dios está por cumplir su intención original a través de nosotros. Pablo dice en Romanos que la creación completa está deseosa de que llegue el día de la manifestación de Cristo:

«Porque sabemos que toda la creación gime a una, y a una está con dolores de parto hasta ahora; y no sólo ella, sino que también nosotros mismos que tenemos las primicias del Espíritu, nosotros también gemimos dentro de nosotros mismos, esperando la adopción, la redención de nuestro cuerpo» (Ro 8: 22-23).

Veamos, por un momento, al Señor Jesús en acción en algunas de las cosas plasmadas en los Evangelios. Pero antes, quiero hacer una salvedad.

«Creo firmemente que Jesús no tan solamente es el hijo de Dios sino Emanuel, Dios con nosotros (Mt 1:23). Con lo que expresaré a continuación no estoy degradando la imagen de Cristo ni estableciendo ni insinuando que Jesús no era Dios en la tierra».

Mi intención está en presentar a Dios el Padre, mostrándonos en el cuerpo humano de su hijo Jesucristo, su intención original para con su creación humana desde el principio. Todo esto ante que Adán y Eva perdieran la gloria de Dios en sus cuerpos cuando eran perfectos.

Quiero mostrar lo que el ser humano pudo haber logrado aquí en la tierra en ese cuerpo dado por Dios al ser humano.

Mostrar lo que significa para Dios que el hombre y la mujer "sojuzgase" y "señorease" sobre todo el ámbito físico (este mundo) incluyendo las leyes de la naturaleza.

***

El primer milagro que Cristo hizo al comienzo de su ministerio fue que convirtió el agua en vino durante una recepción nupcial. Este milagro no lo hizo como un Dios Todopoderoso (100 % Dios), sino como un ser humano lleno del poder de Dios (100% hombre), como fue la intención desde el principio.

En esto, vemos su grandeza y a un Dios poderoso obrando en un orden establecido por su palabra. Esto es algo que sale directamente de las escrituras Sagradas, las cuales no podemos ignorar. Veamos esto dentro de su contexto.

Para lograr visualizar esta maravilla con tanta profundidad, tenemos que separar los hechos de Jesús obrando en su completa divinidad, de su función limitada a un cuerpo humano. A continuación, les presento un ejemplo de esto:

Hubo uno de los discípulos que tuvo tanta confianza con el maestro que se atrevió recostar su cabeza en el pecho de Jesús y éste fue el apóstol Juan. ¡Qué privilegio tan enorme tuvo nuestro hermano Juan!

> *«Y uno de sus discípulos, al cual Jesús amaba, estaba recostado al lado de Jesús. A éste, pues, hizo señas Simón Pedro, para que preguntase quién era aquel de quien hablaba. Él entonces, recostado cerca del pecho de Jesús, le dijo: Señor, ¿quién es?» (Jn 13:23-25).*

Después de la ascensión de Cristo el apóstol Juan es desterrado en una isla llamada Patmos por causa del evangelio (Ap 1:9-10). Escucha una voz como trompeta y al instante estaba en el cielo. Cuando da vuelta para saber quién hablaba con él, dice que vio a uno "semejante al Hijo del Hombre". Pudo ver que quien le hablaba era Jesús (v. 13).

Juan relata que cuando lo vio, "cayó como muerto a sus pies" (v. 17). ¿Acaso no era el mismo Jesús que él recostaba su cabeza en su pecho? ¿Qué pasó? ¿Se olvidó Cristo que Juan era el discípulo amado queriéndolo matar? No, él era el mismo Dios. La diferencia estribaba en que en la tierra el "Dios Hijo" se encontraba en su cuerpo humano limitado. Juan y los demás estaban a salvo para acercarse a Jesús sin ser muertos debido a su gloria.

¿Acaso Moisés no le pidió a Dios que le permitiera ver su gloria? Y ¿qué fue lo que Dios le contestó? Le dijo que no le podía contestar esa petición ya que no existió hombre alguno que pudo verlo y permanecer vivo (Ex 33:18-20).

En la tierra, el ser humano no tuvo problemas en ver, tocar, recostarse en el pecho del maestro y caminar junto a él. En el cielo, era otra historia. Juan no pudo resistir la potencia de la gloria de aquella persona en cuyo pecho pudo recostar su cabeza aquí en la tierra.

Por lo tanto, para poder caminar entre nosotros tuvo que hacerse uno de nosotros, tuvo que despojarse de su gloria. Era la única forma de su Hijo poder ser hecho "semejante a los hombres". Una vez se hizo hombre, se humilló a sí mismo muriendo en la cruz.

> *"El cual, siendo en forma de Dios, no estimó el ser igual a Dios como cosa a que aferrarse, sino que se despojó a sí mismo, tomando forma de siervo, hecho semejante a los hombres; y estando en la condición de hombre, se hu-*

milló a sí mismo, haciéndose obediente hasta la muerte, y muerte de cruz» (Fil 2:6-8).

Por eso, hoy en forma retrospectiva podemos ver a Jesús cómo el Hijo unigénito de Dios manifestarse a través de la Biblia, con todo su poder y esplendor. Y cuando lo vemos cómo el primogénito de Dios, lo vemos hacer maravillas como un hombre lleno del poder de Dios. En esto se cumple lo que todos hoy sabemos que Jesús era 100 % Dios y hombre.

Jesús el unigénito:

«Y aquel Verbo fue hecho carne, y habitó entre nosotros (y vimos su gloria, gloria como del unigénito del Padre), lleno de gracia y de verdad» (Jn 1:14).

«A Dios nadie le vio jamás; el unigénito Hijo, que está en el seno del Padre, él le ha dado a conocer» (Jn 1:18).

Jesús el primogénito

«Porque a los que antes conoció, también los predestinó para que fuesen hechos conformes a la imagen de su Hijo, para que él sea el primogénito entre muchos hermanos» (Ro 8:29).

«Y otra vez, cuando introduce al Primogénito en el mundo, dice: Adórenle todos los ángeles de Dios» (He 1:6).

En otra ocasión, cuando Jesús calmó los vientos y las olas del mar, diciéndoles "calla y enmudece", los discípulos se miraban los unos a otros y se decían:

¿«Quién es éste que aun el viento y el mar le obedecen»? (Mc 4: 39, 41).

No se dieron cuenta de que Jesús acababa de hacer un milagro, no en forma de Dios, ni usando su poder divino, sino como un ser humano lleno de Dios y solo dependiendo del poder del Espíritu Santo. Como él dice: «... Las palabras que yo os hablo, no las hablo por mi propia cuenta, sino que el Padre que mora en mí, él hace las obras» (Jn 14: 10).

Fue como hombre que partió los panes y los peces y alimentó a los cinco mil (sin contar a las mujeres y los niños). Jesús hombre (cuerpo humano), gobernando sobre la creación y las leyes de la naturaleza, cumpliendo la intención de Dios para con el ser humano.

Alguien me podrá decir, no mi amado Hno. Pastor Nelson, todo lo que usted expresó que Cristo hizo aquí en la tierra lo hizo como Dios, no como hombre. Entonces habría que contestar las siguientes preguntas:

1- Si Cristo usó su poder divino, para sanar a un ciego de la aldea de Betsaida ¿por qué al escupirle en los ojos y ponerle las manos encima no quedó sano de primera instancia? Dice la Biblia que Jesús le preguntó si veía algo y el hombre le dijo que veía a los hombres como árboles que andaban. Nos sigue relatando Marcos que nuevamente Jesús puso sus manos sobre los ojos del ciego y la segunda vez pudo ver.

«Entonces, tomando la mano del ciego, le sacó fuera de la aldea; y escupiendo en sus ojos, le puso las manos encima, y le preguntó si veía algo. El, mirando, dijo: Veo los hombres como árboles, pero los veo que andan. Luego le puso otra vez las manos sobre los ojos, y le hizo

que mirase; y fue restablecido, y vio de lejos y claramente a todos» (Marcos 8:23-25).

Pudiéramos decir tantas cosas como que se debió a que el hombre no tenía suficiente fe. Pero eso no detuvo al Señor al sanar al muchacho lunático cuando por falta de fe sus discípulos no pudieron sanarlo y para añadir el padre del lunático le confesó a Jesús que él tenía un problema de incredulidad y aun así Jesús lo sanó (Mr 9:19-27). Cualquier explicación que podamos hacer debe ser respaldado por evidencias bíblicas y no por suposiciones.

2- Jesús hablando con sus discípulos en el monte de los Olivos, frente al templo les hace una declaración reveladora. *«Pero de aquel día y de la hora nadie sabe, ni aun los ángeles que están en el cielo, ni el Hijo, sino el Padre»* (Mr 13:32). ¿Esa declaración la hizo Jesús como hombre o como Dios?

Si decimos que hizo la declaración en su carácter de Dios, entonces hacemos a Jesús mentiroso, ya que él dijo que su Padre y él, uno solo son y esto es confirmado en la Biblia.

«Yo y el Padre uno somos» (Jn 10:30).

«Felipe le dijo: Señor, muéstranos el Padre, y nos basta. Jesús le dijo: ¿Tanto tiempo hace que estoy con vosotros, y no me has conocido, Felipe? El que me ha visto a mí, ha visto al Padre; ¿cómo, pues, dices tú: muéstranos al Padre?» (Jn 14:8-10).

«En el principio era el Verbo, y el Verbo era con Dios, y el Verbo era Dios. Este era en el principio con Dios.

Todas las cosas por él fueron hechas, y sin él nada de lo que ha sido hecho, fue hecho» (Jn 1:1-3).

«Porque tres son los que dan testimonio en el cielo: el Padre, el Verbo y el Espíritu Santo; y estos tres son uno» (1 Jn 5:7).

Por otro lado, estaríamos enseñando que el Padre le está ocultando cierta información a su hijo. Que Cristo no puede ser omnisciente, ya que para hacerlo lo tiene que saber todo y todo incluye el día y la hora. Estaríamos enseñando que solamente el Padre y el Espíritu Santo son omniscientes.

Si Cristo habló las palabras que muestra Marcos 13:32 en el monte de los Olivos en su carácter humano, podemos decir lo siguiente y no contradecimos las escrituras.

Cristo al descender a este mundo en cuerpo humano, en forma voluntaria, limitó su poder para ser igual a nosotros (Jn 1:14; Fil 2:6-8). Esto incluyó su mente, ya que nuestro cuerpo y mente son frágiles y no pueden contener la mente de Dios. En esta limitación voluntaria, Jesús dependía de su padre. Así lo expresó al decir «*... las palabras que yo os hablo, no las hablo por mi propia cuenta, sino que el Padre que mora en mí él hace las obras»* (Jn 14:10).

Entonces, podemos decir que Cristo no mintió ni se contradijo. Dijo la verdad en cuanto a que en ese cuerpo y mente finita desconocía el día y la hora que regresaría por la iglesia, ya que esa información no le fue dada dentro de su limitación humana.

Esto no degrada a Jesús. Es todo lo contrario, muestra a un Hijo eterno que nos amó tanto que limitándose lo dejó todo en su reino - incluyendo su poder - para hacerse un plebeyo como nosotros. Lograr sufrir hasta el último momento sin su poder, sin rendirse, sin desecharnos y regresar a su reino con la excusa de que no lo quisimos; eso es amor y muestra de un poder infinito. ¡Aleluya!

> *«Así que, por cuanto los hijos participaron de carne y sangre, él también participó de lo mismo, para destruir por medio de la muerte al que tenía el imperio de la muerte, esto es, al diablo, y librar a todos los que por el temor de la muerte estaban durante toda la vida sujetos a servidumbre. Porque ciertamente no socorrió a los ángeles, sino que socorrió a la descendencia de Abraham. Por lo cual debía ser en todo semejante a sus hermanos, para venir a ser misericordioso y fiel sumo sacerdote en lo que a Dios se refiere, para expiar los pecados del pueblo. Pues en cuanto él mismo padeció siendo tentado, es poderoso para socorrer a los que son tentados».* (Hebreos 2,14-18).

> *«Porque no tenemos un sumo sacerdote que no pueda compadecerse de nuestras debilidades, sino uno que fue tentado en todo según nuestra semejanza, pero sin pecado»* (He 4:15).

Si conoce a Cristo Jesús, entenderás que tu vida tiene un propósito. Eres parte de una creación y de un montaje tras bastidores, el cual Dios revelará un día de estos (muy pronto) dentro de la estructura de la historia. El mundo y el universo gritarán al unísono el último versículo del Salmo *8*:

> *«¡Oh!, Jehová, Señor nuestro, ¡cuán grande es tu nom-*

bre en toda la tierra!».

¿Tienes alguna pregunta de lo que leíste en este capítulo? Puedes hacerla o expresar tus comentarios en la página cibernética:

pastornrivera.com

Capítulo 7

Un cuerpo perfecto

Vivimos en un tiempo en el cual la gran mayoría de la gente no está de acuerdo con su cuerpo. El que tiene el pelo negro se lo pinta de rubio; si es largo, lo desea corto; si tiene ojos marrones, los quiere verdes y compra lentes de contacto de diversos colores.

La persona delgada quiere aumentar de peso, mientras que la gruesa desea adelgazar. Por esto nos encontramos en un tiempo conocido como la "era plástica", donde la cirugía es la orden del día. Si fuésemos a hablar de los implantes, escribiríamos un libro dentro de este libro, pero ese es otro tema.

Es interesante entender que está llegando el día en que un ser humano se levantará: «Se levantará luego un rey valiente, el cual dominará con gran poder y hará su voluntad, e implantará su señal» (Dn 11: 3). Según el libro de Apocalipsis:

«Y se le permitió infundir aliento a la imagen de la bes-
tia, para que la imagen hablase e hiciese matar a todo
el que no la adorase. Y hacía que a todos, pequeños y
grandes, ricos y pobres, libres y esclavos, se les pusiese
una marca en la mano derecha, o en la frente; y que ni-
nguno pudiese comprar ni vender, sino el que tuviese
la marca o el nombre de la bestia, o el número de su
nombre. Aquí hay sabiduría. El que tiene entendimiento,
cuente el número de la bestia, pues es número de hombre
y su número es seiscientos sesenta y seis» (13: 15-18).

En un mundo donde la moda es el "implante", imagínese qué fácil será que el anticristo implante su sello. El ser humano da lo que no tiene con tal de obtener un cuerpo perfecto.

Vivimos en una sociedad capitaneada por el mundo de los negocios que presiona, adoctrina (lavado de celebro) a nuestros niños para que desde temprana edad vean sus imperfecciones.

María Galarza escribió un artículo titulado, "En busca de la niña de cuerpo perfecto", donde expresa que a principios de 2013, una compañía lanzó un juego cibernético con la famosa muñeca Barbie como protagonista.

La temática era el hacerle cirugías estéticas, de acuerdo con unos polémicos parámetros de belleza. La aplicación para el juego se llamaba, "Plastic Surgery & Plastic Hospital" y causó polémicas entre distintos sectores que defendían la integridad de los más chiquitos. Si bien este juego ya no está disponible, tuvo más de medio millón de descargas".

La realidad es que a muchas compañías solamente no les interesa la salud mental ni física de nuestros hijos. Su fin es que nuestros niños y la sociedad sientan que no se puede vivir sin comprar sus productos.

En un artículo publicado el 20 de marzo de 2014 en la página cibernética, "Solo Para Mujeres", bajo el título, "Cirugía Estética: en busca del cuerpo perfecto", dice lo siguiente:

"En los últimos años aumentó el número de adolescentes que se realizan una operación de cirugía plástica. No se recomiendan las operaciones en adolescentes bajo ningún concepto, ya que hay que tener en cuenta que el organismo está en crecimiento, su cuerpo se está desarrollando y todo lo que se toque, desde el punto de vista estético, se puede estropear. El paciente de estética debe tener una estabilidad demostrable que los adolescentes no tienen, de cara a las expectativas de la cirugía. Sus expectativas no son reales, su imaginación vuela mucho más allá de los límites habituales y lo lógico es que no entiendan muy bien los resultados". [1]

Si estudiamos el capítulo 5 de Génesis, veremos cómo el germen del pecado degeneró el cuerpo perfecto del ser humano y acortando su vida sobre la faz de la tierra.

Nombre	Edad
Matusalén	969 años
Jared	962 años
Noé	950 años
Adán	930 años
Set	912 años
Cainán	910 años
Enós	905 años
Mahalaleel	895 años
Lamec	777 años

Sem	600 años
Heber	464 años
Sela	441 años
Arfaxad	438 años
Enoc	365 años
Taré	275 años
Peleg	239 años
Reu	239 años
Serug	232 años
Nacor	148 años

Tabla 3

> *«Aconteció que cuando comenzaron los hombres a multiplicarse sobre la faz de la tierra, y les nacieron hijas que viendo los hijos de Dios que las hijas de los hombres eran hermosas, tomaron para sí mujeres, escogiendo entre todas. Y dijo Jehová: No contenderá mi espíritu con el hombre para siempre, porque ciertamente él es carne; más serán sus días ciento veinte años» (Gn 6: 1-3).*

De los casi 1.000 años que el ser humano llegó a vivir, ahora Dios dice que no pasará de 120. Luego, añade en el Salmo 90:

> *«Porque todos nuestros días declinan a causa de tu ira; Acabamos nuestros años como un pensamiento. Los días de nuestra edad son setenta años; Y si en los más robustos son ochenta años, Con todo, su fortaleza es molestia y trabajo, Porque pronto pasan, y volamos» (vv. 9-10).*

Como vemos, Dios quiso desde el comienzo que el ser humano tuviera un cuerpo perfecto para la eternidad. El problema comenzó cuando le dijo que podía comer del fruto de todo árbol, incluyendo al de la vida, pero no el de la ciencia del bien y del mal. Imagínese si Adán y Eva hubiesen participado del fruto del árbol de la vida, usted y yo tendríamos un cuerpo perfecto eternamente.

Amigo lector, debe estar pensando que perdimos mucho y estoy de acuerdo. Fue demasiado el precio pagado por el gustazo de la fruta prohibida.

¿Tienes alguna pregunta de lo que leíste en este capítulo? Puedes hacerlas o expresar tus comentarios en la página cibernética:

pastornrivera.com

Capítulo 8

Si solamente hubieran obedecido

Quiero hablarte de un tema tan fascinante y complejo que cuando terminemos dicho análisis, además de ver la razón del tema de este libro, también entenderás el propósito que Dios tuvo para darnos una casa física para nuestras almas. Siempre he dicho que cuando leemos la Biblia es de suma importancia fijarse en los detalles de cada versículo.

Comencemos a verlos:

«Y Jehová Dios hizo nacer de la tierra todo árbol deli-cioso a la vista, y bueno para comer; también el árbol de vida en medio del huerto, y el árbol de la ciencia del bien y del mal» (Gn 2: 9).

En primer lugar, se nos dice que Jehová Dios hizo que todo árbol "delicioso a la vista" creciera de la tierra. Creo que todos estamos de acuerdo en que los ojos no tienen papilas gustativas para determinar si algo es delicioso.

Por lo tanto, entendemos que el autor está describiendo lo hermoso y apetitivo que se veían estos árboles. Era una expresión cultural para dejarnos ver que cada uno de esos árboles invitaba a uno a probar de su fruto.

En segundo lugar, se nos dice que Dios, también, hizo nacer de la tierra dos árboles particulares. El primero fue llamado el árbol de la vida y el segundo, árbol de la ciencia del bien y del mal (Gn 2: 9). Sabemos que ambos estaban en el centro del huerto, porque Eva se lo dice a la serpiente: «... *pero del fruto del árbol que está en medio del huerto dijo Dios: No comeréis de él, ni le tocaréis, para que no muráis*» (Gn 3: 3). Más adelante, añade:

> «*Y mandó Jehová Dios al ser humano, diciendo: 'De todo árbol del huerto podrás comer; más del árbol de la ciencia del bien y del mal no comerás; porque el día que de él comieres, ciertamente morirás'*» (Gn 2: 16-17).

Vean el versículo 18*: «Y dijo Jehová Dios: No es bueno que el hombre esté solo; le haré ayuda idónea para* él». Hasta aquí, ¿qué tenemos? Dios, en su momento creativo, hace nacer árboles frutales en todo el huerto para alimentar al ser humano.

Le hace saber que puede comer lo que le apetezca, cuantas veces quisiera, incluyendo del árbol de la vida; empero, en ninguna circunstancia podía comer del árbol de la ciencia del bien y del mal porque moriría. Dios le da esta ordenanza a Adán antes de que Eva, su mujer, fuera creada.

Por lo tanto, era su responsabilidad educarla sobre lo que Dios había explícitamente prohibido.

Ahora, vemos que este árbol prohibido nació en el mismo centro del huerto. Dios había colocado a los seres humanos en el huerto: *«Tomó, pues, Jehová Dios al ser humano, y lo puso en el huerto de Edén, para que lo labrara y lo guardase»* (Gn 2: 15). Creo necesario que veamos los árboles dentro de sus propios contextos para que entendamos sus propósitos.

Árbol de la ciencia del bien y del mal

El capítulo 3 de Génesis trata sobre el tipo de conocimiento que produce un árbol en particular: de la ciencia del bien y del mal. Muchas veces escuchamos a personas llamarlo "el árbol del conocimiento bueno y de ese tipo de conocimiento que corrompe a uno y lo lleva hacia la maldad", como si su fruto produjera la inteligencia.

Este pensamiento contradice el libro de Génesis. El fruto de este árbol no daba "inteligencia" para hacer el bien o el mal, sino conocimiento del bien y del mal de algo en particular.

Siempre he dicho que cualquier interpretación correcta de un versículo, capítulo o libro de la Biblia no puede contradecir a ningún otro desde Génesis hasta Apocalipsis. Si colisiona con alguno, inmediatamente tengo que echarla al bote de basura, ya que la palabra de Dios no se contradice a sí misma.

El fruto del árbol no daba el conocimiento de todo, porque Dios ya había dotado al ser humano con éste:

«Entonces dijo Dios: Hagamos al hombre a nuestra imagen, conforme a nuestra semejanza; y señoree en los peces del mar, en las aves de los cielos, en las bestias, en toda la tierra, y en todo animal que se arrastra sobre la tierra. Y creó Dios al hombre a su imagen, a imagen de Dios lo creó; varón y hembra los creó. Y los bendijo Dios, y les dijo: Fructificad y multiplicaos; llenad la tierra, y sojuzgadla, y señoread en los peces del mar, en las aves de los cielos, y en todas las bestias que se mueven sobre la tierra» (Gn 1: 26-28).

Cuando Dios dice, "hagamos al hombre a nuestra imagen y semejanza", no estaba hablando de ponerle dos ojos, una nariz, una boca, dos manos, cinco dedos en cada mano, etc. para que físicamente se pareciera a Dios.

Todos sabemos que Dios es Espíritu. No tiene cuerpo humano: «Dios es Espíritu; y los que le adoran, en espíritu y en *verdad es necesario que adoren»* (Jn 4: 24). ¿De qué, entonces, estaba conversando con su Hijo y Espíritu? De colocar su esencia, a menor escala, dentro de esa creación.

Para traer algún ejemplo, Dios es trino. Mucha gente no cree que Dios sea uno en tres (no tres en uno, porque sería un monstruo de tres cabezas), pues la palabra "trinidad" no aparece en las Sagradas Escrituras.

Sin embargo, Juan dice: «Porque tres son los que dan testimonio en el cielo: el Padre, el Verbo y el Espíritu Santo; y estos tres son uno» (1 Jn 5: 7). Este versículo termina diciendo que estos tres son uno (trino).

De igual manera, nos creó trinos: espíritu, alma y cuerpo: *«Y el mismo Dios de paz os santifique por completo; y todo vuestro ser, espíritu, alma y cuerpo, sea guardado irreprensible para la venida de nuestro Señor Jesucristo»* (1 Ts 5: 23).

Nos creó con inteligencia y sabiduría (no es lo mismo ser inteligente o sabio): «El principio de la sabiduría es el temor de Jehová; Los insensatos desprecian la sabiduría y la enseñanza» (Pr 1: 7).

Según este texto, mucha gente es inteligente gracias a los libros y maestros, pero la sabiduría proviene única y exclusivamente de Dios. ¿Son inteligentes el Padre, Hijo y Espíritu Santo? ¿Son sabios? ¿Creó Dios al ser humano con temor según Proverbios 1: 7?

Entonces, ¿cómo podría estar a cargo del mundo acuático, animal y el resto de los seres humanos si no tuviera conocimiento/inteligencia y sabiduría? ¿Cómo un ignorante pudo haber nombrado a todos los animales creados?

> *«Jehová Dios formó, pues, de la tierra toda bestia del campo, y toda ave de los cielos, y las trajo a Adán para que viese cómo las había de llamar; y todo lo que Adán llamó a los animales vivientes, ese es su nombre. Y puso Adán nombre a toda bestia y ave de los cielos y a todo ganado del campo; más para Adán no se halló ayuda idónea para él»* (Gn 2: 19-20).

Otros enseñan que el árbol daba el "conocimiento" para hacer el bien o mal. Esto tampoco es correcto ya que contradice lo establecido en la Biblia. Veamos pues esta enseñanza.

La Biblia nos dice que era el árbol del "conocimiento" del

bien y del mal. Existe una diferencia marcada entre el ser una persona malvada y el tener conocimiento del mal. Una persona que le quita la vida a su prójimo ha cometido un acto malo/malvado y se convierte en homicida.

Sin embargo, una persona no se convierte en homicida solamente por tener el conocimiento de cómo se puede efectuar el acto, a menos que maquine con ese pensamiento en el corazón y lo lleve a cabo.

Otro ejemplo aparece en el versículo 25: «Y estaban ambos desnudos, Adán y su mujer, y no se avergonzaban» (Gn 2: 25). La vergüenza proviene del conocimiento de que algo no está bien o es inapropiado. Adán y Eva fueron creados desnudos y ni siquiera pensaban en eso. Fueron creados seres sexuales, como vemos:

> *«Y los bendijo Dios, y les dijo: Fructificad y multiplicaos; llenad la tierra... vio Dios todo lo que había hecho, y he aquí que era bueno en gran manera y fue la tarde y la mañana el día sexto» (Gn 1:28, 31)».*

Todos sabemos que nada de lo que Dios creó era cosa mala. Esto debía incluir el árbol de la ciencia del bien y del mal. Adán y Eva no se convirtieron en personas malas porque comieron de su fruto. La maldad provino por la desobediencia a Dios.

¿Son malos los huracanes? Alguien diría que sí ya que destruyen y matan a las personas. Pero si se formara y deshiciera en medio del mar, sin haber tocado a algún pueblo, ¿sería malo?

¿Es malo un revólver? ¿Qué lo convierte en malo? ¿Es malo

un automóvil? ¿Qué lo convierte en malo? Su uso inapropiado e irresponsable. [El huracán] es dañino para el ser humano que sufre el embate de su furia y pierde sus propiedades o vida. La realidad nos enseña que la maldad no está en el objeto o instrumento, sino en el ser humano que abusa de ellos.

Todo lo que Dios creó fue bueno ya que no existe maldad en él. Entonces, esto incluye al árbol del conocimiento del bien y del mal, ya que Génesis 1:12 dice que Dios creó los árboles y el capítulo 2:9 señala que éste estaba en el medio del huerto. Así que, no podía convertir a nadie en malo, como muchas veces implicamos con la esta enseñanza.

Pero sí nos dice que Adán y Eva se avergonzaron. ¿Cómo alguien puede avergonzarse de participar de todo lo bueno que Dios creó? Se avergonzaron y escondieron cuando comieron de aquel fruto prohibido. Ahora bien, veamos los detalles del capítulo 3 desde el momento en que Eva fue tentada:

1- La serpiente entrevista a Eva y tergiversa lo que Dios dijo con una pregunta capciosa: «¿Conque *Dios os ha dicho: No comáis de todo árbol del huerto?*» (v.1)

2- Eva le aclara: «*Del fruto de los árboles del huerto podemos comer; pero del fruto del árbol que está en medio del huerto dijo Dios: No comeréis de él, ni le tocaréis, para que no muráis*» (vv. 2-3). Como vemos, tenía bien clara la prohibición.

3- La serpiente contradice a Dios: «*No moriréis*» (v. 4).

4- La serpiente profundiza en la razón por la cual no

morirían: «… sino que sabe Dios que el día que comáis de él, serán abiertos vuestros ojos, y seréis como Dios, sabiendo el bien y el mal» (v.5).

Es aquí donde todo cambia. Sabemos que Satanás es el padre de la mentira. Todos sabemos que junto a sus demonios siempre está lanzando dardos contra nuestras mentes para que dejemos de creer y obedecer a la voz de Dios. El problema o el pecado no es que entren a nuestras mentes.

El problema y el pecado surgen cuando comienzo a fantasear con ese pensamiento. Empiezo por maquinar, a darle vuelta a esa información, a deleitarme en ello y luego, llevarlo al corazón. Es aquí donde pecamos contra Dios.

Veamos los detalles en el versículo 6:

«Y vio la mujer que el árbol era bueno para comer, y que era agradable a los ojos, y árbol codiciable para alcanzar la sabiduría; y tomó de su fruto, y comió; y dio también a su marido, el cual comió así como ella».

1- La mujer vio que el árbol era bueno para comer... Aquí no hay problema debido a que el versículo 9 dice que Jehová, «… hizo nacer de la tierra todo árbol delicioso a la vista, y bueno para comer». Podemos ver que Eva apreciaba la belleza del árbol.

2- He aquí el problema: «…y árbol codiciable para alcanzar la sabiduría». La serpiente plantó el pensamiento en Eva y ella maquinó con que sus ojos "serían abiertos y sería como Dios".

No sé si te has dado cuenta de que, en este último tiempo,

el pueblo de Dios ha sido tentado y la mayoría ha sucumbido al pensamiento de "ser como Dios". Permíteme explicarte. Se ha levantado una enseñanza herética que dice que el ser humano es igual a Jesús, porque somos sus hermanos y coherederos.

A nosotros los seres humanos nos gustan los títulos. Es por esto por lo que existen más títulos que pulgadas de estatura y creemos que estos nos dan el derecho a que otros nos rindan pleitesía (culto). No me malinterprete. Yo respeto y admiro a todos los que luchan por lograr el éxito en sus estudios. Esas horas largas, desvelos, madrugadas y lágrimas que valen la pena.

Me refiero a aquellos que han recibido de alguna universidad o recinto cristiano un doctorado "Honoris Causa", que dicho sea de paso es una honra, pero no sustituye los requisitos académicos de un diploma.

Confunden esta honra y piensan que ya pueden, preparar tarjetas de presentación con los títulos de "doctor", añadiéndoles "reverendo, reverendísimo" y termínanos con el título de "profeta" (luego su nombre) fulano de tal. Sería interesante preguntarles cuál fue su tesis, aquel escrito que les dio el derecho a graduarse con el título de doctorado.

El problema es que muchos están llevando al pueblo a rebelarse contra Dios con sus tonterías y horrores bíblicos. No somos dioses ni grandes ni pequeños ni senior ni junior, como muchos están enseñando.

Están llevando al pueblo a creer que no necesita de Dios. Ya que están al nivel de Jesús, tienen el poder para sanar, bendecir, echar a Satanás en una bolsa, doblarle el brazo hasta que se rinda y haga como le ordenen. Todo esto sin la ayuda e intervención del Espíritu Santo.

Los escuchamos con sus palabras egoístas, huecas y necias: "YO declaro, YO decreto, YO te bendigo, YO cancelo, YO te profetizo, YO, YO, YO y solamente YO". Un pensamiento egoísta donde la gloria no es de Dios.

En otras palabras, quítate, Jesús, Espíritu Santo y Dios Padre que ahora vengo yo con mi conocimiento, inteligencia y propia sabiduría. Doblegaron sus rodillas ante Satanás, porque se dejaron convencer de que pueden ser como Dios. Pero, dejemos esto para otro libro.

Volviendo a Eva, su problema fue que codició un conocimiento que estaba fuera de la voluntad perfecta de Dios. Pero ¿cuál fue ese conocimiento? y ¿de qué Dios les estaba protegiendo (y por ende a nosotros)?

¿Tienes alguna pregunta de lo que leíste en este capítulo? Puedes hacerlas o expresar tus comentarios en la página cibernética:

pastornrivera.com

Capítulo 9

¿De qué quería protegernos?

Cuantas veces no le hemos advertido a quien apreciamos y amamos que desista de algo debido a que tenemos información confiable sobre su peligro. Por ejemplo, "no comas ese pescado que ha estado fuera del refrigerador desde ayer". La advertencia surge porque sabemos que el comerlo afectará la salud al punto de la muerte.

Me parece que Dios tenía esa intención, pero ¿por qué hizo que algo tan nocivo naciera dentro del huerto? Para contestar esta pregunta, tenemos que analizar el mandato de Dios para el hombre y su mujer.

Dios dio un mandato a Adán y Eva cuando fueron creados:

«Y los bendijo Dios, y les dijo: Fructificad y multipli-caos; llenad la tierra, y sojuzgadla, y señoread en los peces del mar, en las aves de los cielos, y en todas las bestias que se mueven sobre la tierra» (Gn 1: 28).

Algunos teólogos y cristianos opinan que Adán y Eva tuvieron hijos e hijas en el huerto del Edén y que la mención de Caín y Abel es por el primer acontecimiento trágico en la familia.

Su argumento es que la Biblia no ofrece una explicación sólida de la genealogía de la esposa de Caín: «Y conoció Caín a su mujer, la cual concibió y dio a luz a Enoc; y edificó una ciudad, y llamó el nombre de la ciudad del nombre de su hijo, Enoc» (Gn 4: 17).

En mi carácter personal, tengo mis reservas sobre este pensamiento, por lo siguiente. Si Eva hubiera concebido en ese cuerpo perfecto, creado antes de la caída, sus hijos e hijas, también hubieran tenido cuerpos perfectos. Si lo llevásemos a una ecuación matemática, podríamos deducir lo siguiente:

Perfecto + Perfecto = Perfecto

De lo perfecto no puede salir algo imperfecto. De ser así, Dios no pudiera haber castigado a los hijos e hijas por el pecado de sus padres de comer la fruta prohibida. Ellos no hubieran sido desalojados del huerto del Edén. Estuvieran vivos hoy en día en sus cuerpos todavía perfectos.

Ellos no fueron los que desobedecieron a Dios. La Biblia lo aclara así:

«El alma que pecare, esa morirá; el hijo no llevará el pecado del padre, ni el padre llevará el pecado del hijo; la justicia del justo será sobre él, y la impiedad del impío será sobre él» (Ez 18: 20).

Entonces, hubiéramos tenido una raza humana dividida en dos grupos: cuerpos corruptos (por el pecado) e incorruptibles. Si así fuera, contradeciría al apóstol Pablo:

«Porque es necesario que esto corruptible se vista de incorrupción, y esto mortal se vista de inmortalidad» (1 Co 15: 53).

Por lo tanto, no hay evidencias bíblicas que apoyen la opinión de que en el huerto del Edén y antes del pecado, nacieron hijos e hijas. No puedo aceptar esa postura. Estoy seguro de que es un tema debatible para algunos y quizás en otro libro podamos profundizar más en ello.

Ahora, al leer los primeros capítulos de Génesis, deducimos que no plasma todas las acciones y detalles de cada acontecimiento. Vemos que el Espíritu Santo, a través de los escritos de Moisés, está concentrado en los asuntos de mayor importancia con relación a la parte moral y teológica de estos acontecimientos.

La pregunta que nos hacemos es: ¿Tuvieron Adán y Eva relaciones sexuales en esos cuerpos perfectos? Creo que es una pregunta muy legítima. No podemos descartarlo, aunque no existe evidencia directa de que hayan disfrutado de una relación de índole sexual, sin procreación, antes de la caída.

El sitio web nccg.org en su sección de preguntas y respuestas bajo el título "¿Tuvieron Adán y Eva relaciones sexuales en el Jardín del Edén" (FAQ 66)? hace un comentario muy interesante:

«Dado que la sexualidad fue una bendición natural dada por Dios y una función de todos los seres vivos, incluida

la primera pareja, no hay razón para suponer que Adán y Eva se abstuvieron de la actividad sexual antes de la Caída. El hecho de que Eva no quedó embarazada hasta después de la Caída, por lo tanto, no significa que no hayan tenido actividad sexual. Al contrario, si hubieran sido obedientes al mandamiento, lo habrían hecho». [1]

Esa posibilidad (relación de placer dentro del matrimonio) no contradeciría otro versículo de la Biblia. Analicemos lo siguiente: la Biblia enseña que Dios creó "seres sexuales" (Gn 1: 22, 28; 9: 7) y les ordenó que se multiplicaran sobre la tierra. Esta orden fue dada antes de la caída. De ser así, tenían conocimiento del placer sexual.

Alguien pudiera argumentar que Adán y Eva tuvieron relaciones sexuales después de la caída, ya que fue cuando tuvieron hijos e hijas. Otros, dirán que antes de su caída desconocían su sexualidad, porque no estaban al tanto de su estado de desnudez.

Entonces, esto implicaría que la sexualidad (el acto sexual) provino del estado caído, ya que eran puros y perfectos, pero esto no es lo que muestra la Biblia. Lo que si podemos establecer es que comenzaron a tener hijos fuera del huerto del Edén, en sus cuerpos corruptibles:

«Conoció Adán a su mujer Eva, la cual concibió y dio a luz a Caín, y dijo: «Por voluntad de Jehová he adquirido varón». Después dio a luz a su hermano Abel. Y Abel fue pastor de ovejas, y Caín fue labrador de la tierra» (Gn 4: 1-2).

¿De qué Dios quería protegerlos?

De acuerdo con la Torá (los primeros 5 libros de la Biblia, también conocidos como el Pentateuco), el pecado de incesto va mucho más allá de las relaciones sexuales entre familiares cercanos.

Nuestra sociedad lo ve normal, diciendo que "cuando existe el amor, todo es válido". Sabemos que Dios no aprueba todo lo que la sociedad acepta y legaliza. Él no tiene que adaptarse a los caminos del ser humano, sino al contrario:

> *«Así dijo Jehová: Paraos en los caminos, y mirad, y preguntad por las sendas antiguas, cuál sea el buen camino, y andad por él, y hallaréis descanso para vuestra alma. Mas dijeron: No andaremos» (Jr 6: 16).*

Lo interesante es que a través de las Sagradas Escrituras, Dios trata el incesto (*arayot*, en hebreo) al mismo nivel de maldad que el sacrificio de niños a Moloc (Lv 18: 1-21).

Para Dios, el acto sexual conlleva una unión espiritual y física. Por eso nos alerta sobre esto y la fornicación. Aunque el mundo quiera venderlo como atractivo, bueno y placentero, tenemos la obligación bíblica de llamarlo por su nombre: ¡pecado!

El apóstol Pablo nos dice:

> *«Las viandas para el vientre y el vientre para las viandas; pero tanto al uno como a las otras destruirá Dios. Pero el cuerpo no es para la fornicación, sino para el Señor y el Señor para el cuerpo» (1 Co 6: 13).*

En los versículos del 15 al 17 del mismo capítulo dice:

«¿No sabéis que vuestros cuerpos son miembros de Cristo? ¿Quitaré, pues, los miembros de Cristo y los haré miembros de una ramera? De ningún modo. ¿O no sabéis que el que se une con una ramera, es un cuerpo con ella? Porque dice: Los dos serán una sola carne. Pero el que se une al Señor, un espíritu es con él».

Dios dice: «Por tanto, dejará el hombre a su padre y a su madre, y se unirá a su mujer, y serán una sola carne» (Gn 2: 24).

Como dijera anteriormente, la unión sexual entre el hombre y la mujer va más allá del placer, el cual puede ser el resultado físico y carnal, hasta el punto culminante; pero el ambiente espiritual va más allá. En el mundo de Dios es la fusión de dos espíritus, almas y cuerpos que jamás podrán separarse.

Si analizáramos la Biblia, nos daríamos cuenta de que Dios ve el acto sexual de dos maneras desde Génesis hasta Apocalipsis. Lo llama "conocer" cuando ocurre entre marido y mujer (actos aprobados por Dios). Pero si ocurre fuera del matrimonio (no aprobado por Dios), lo llama, "descubrir la desnudez" (del hebreo, *galuei irvah*). También, se le conoce como *arayot* (uniones sexuales prohibidas). Para los propósitos de este libro, necesitamos examinarlos a fondo:

Conocer/ conoció (acto aprobado por Dios)

El acto sexual que ocurre dentro de los parámetros de la Biblia es descrito como "conocer". Este acto expresa una conexión íntima del nivel más alto en donde cada persona revela y comparte su esencia con la otra. No pierda de perspectiva que

Dios permite y hace las cosas con un propósito.

Las Sagradas Escrituras enseñan que el acto sexual dentro del matrimonio tiene un propósito. También, entendamos que quiso que estuviese lleno de pureza y santificación. Para el pueblo judío la pureza era muy importante ya que también estaba establecida en la Torá, tanto así que ellos se refrenaban de las prácticas prohibidas (conocidas como *galuei irvah*) para poder cumplir con el mandamiento de santidad:

> *«Habló Jehová a Moisés, diciendo: Habla a toda la congregación de los hijos de Israel, y diles: Santos seréis, porque santo soy yo Jehová vuestro Dios» (Lv 19: 1-2).*

Arayot: incesto (uniones sexuales prohibidas)

En el libro de Levítico encontramos las leyes de *arayot*. De acuerdo con la Torá, el pecado de incesto no se limitaba únicamente a las uniones sexuales entre miembros de la familia cercana, sino que incluye: relaciones con mujeres menstruosas (*niddah*), el homosexualismo y bestialismo.

Estas formas de uniones sexuales prohibidas son descritas como *arayot*. Estos tipos de actos están bajo la categoría de *galuei irvah (descubrir la desnudez).* En estas situaciones no ocurre el "conocer" (acto aprobado por Dios), sino "descubrir" (acto desaprobado por Dios).

Descubrir la desnudez (acto prohibido por Dios)

Por último, encontramos la frase hebrea, *galuei irvah* que también significa, 'descubrir la desnudez o uniones sexuales prohibidas'. Vemos que la desnudez tiene que ser cubierta. Dios prohíbe estos actos totalmente. El apóstol Pablo advierte:

> *«Huid de la fornicación. Cualquier otro pecado que el hombre cometa, está fuera del cuerpo; más el que fornica, contra su propio cuerpo peca. ¿O ignoráis que vuestro cuerpo es templo del Espíritu Santo, el cual está en vosotros, el cual tenéis de Dios, y que no sois vuestros?» (1 Co 6: 18-19).*

Fíjese en que es importante que cuidemos todo nuestro cuerpo, como dice el apóstol, porque no es nuestro y tendremos que rendirle cuentas a Dios. Ahora, ¿qué tiene que ver con el árbol de la ciencia del bien y del mal? ¿Contra qué estaba protegiéndonos el Señor con la prohibición de comer de su fruto?

«Entonces fueron abiertos los ojos de ambos, y conocieron que estaban desnudos» (Gn 3: 7a).

En primer lugar, ¿cómo reaccionaron Adán y Eva cuando comieron del fruto? La contestación aparece en la segunda parte del versículo 7: «Cosieron, pues, hojas de higuera y se hicieron delantales». En otras palabras, **cubrieron su desnudez**. De inmediato, recibieron la promesa del árbol.

Al abrírseles los ojos (no quiere decir que estuvieran ciegos), recibieron la ciencia intelectual para distinguir entre el bien y lo perverso (mal). Las consecuencias fueron interesantes: se encontraron desnudos. Descubrieron su sexualidad (desnudez), por lo que tuvieron que cubrirse inmediatamente.

Recuerde que estamos viendo el acto sexual desde el punto de vista de Dios. Muchos no lo entenderán ni aceptarán. No todos están dispuestos a cumplir lo que Dios ha establecido, sino que desean hundirse cada vez más en sus concupiscencias.

Todas las actividades sexuales tienen consecuencias espirituales debido a la naturaleza doble del acto: **física y espiritual**. Por eso, Dios prohíbe (hasta el día de hoy) ciertas uniones sexuales. ¿Por qué? Para protegernos de sus pecados de abuso, contaminación y libertinaje. La sociedad los acepta, pero no así el Dios del universo.

Por lo tanto, ¿de qué quiso protegernos? Del sexo descontrolado y perverso enseñado por Satanás, conocido como lujuria. La enciclopedia cibernética www.definición.de describe la palabra "lujuria" de la siguiente forma:

> *«Del latín luxurĭa, la lujuria es el apetito desordenado e ilimitado de los placeres carnales. El término suele estar asociado al deseo sexual incontrolable, aunque, en realidad, también permite referirse al exceso o demasía de otro tipo de cosas. La lujuria se vincula con la lascivia que es la imposibilidad de controlar la libido».* [2]

Es un deseo sexual desordenado e incontrolable. La lascivia, un tipo de lujuria, es el apetito o deseo excesivo por el placer sexual. Ese conocimiento ha alejado a la sociedad del propósito de Dios, tanto así que es la mayor causa de divorcios. La pornografía llegó para quedarse y lamentablemente, ha hecho nido en nuestras iglesias y altares.

Vemos como la sociedad no se conforma con el sexo aprobado por Dios, llevándolo a otros niveles enfermizos La lujuria es insaciable y demanda más relaciones entre adultos y niños, seres humanos y animales, vivos y muertos. Dios quería proteger a la humanidad de esto.

¿Tienes alguna pregunta de lo que leíste en este capítulo? Puedes hacerlas o expresar tus comentarios en la página cibernética:

pastornrivera.com

Capítulo 10

El árbol de la vida

Por otro lado, tenemos el árbol de la vida, mencionado tanto en Génesis, como en Apocalipsis o Revelación. Este último da más detalles que Génesis sobre la función del fruto y las hojas del árbol:

> *«Después me mostró un río limpio de agua de vida, resplandeciente como cristal que salía del trono de Dios y del Cordero. En medio de la calle de la ciudad, y a uno y otro lado del río, estaba el árbol de la vida que produce doce frutos, dando cada mes su fruto; y las hojas del árbol eran para la sanidad de las naciones» (Ap 22: 1-2).*

En primer lugar, Juan vio el árbol en medio de la calle de la ciudad. El capítulo 2:9 de Génesis dice que Jehová Dios lo plantó en medio del huerto. También nos dice Apocalipsis 22:2 que al final de los tiempos se encontrará en el mismo centro.

En segundo lugar, no existen varios árboles de la vida.

Siempre es mencionado en singular. Según el pasaje anterior, debe ser bastante grande, pues sus ramas tocan ambas riberas. Otra cosa que deducimos es que su fruto cambia cada mes. Sus hojas también tienen una función: dar sanidad a las naciones.

Me gustaría hablar del propósito de las hojas, sus frutos, para quiénes son y dónde acontecerán estas cosas, pero no es prudente que me salga de los parámetros de este libro. Sin embargo, lo haré en otro momento.

El árbol de la vida estaba en medio del huerto. Veamos el comentario curioso de Dios:

> «Y dijo Jehová Dios: 'He aquí el hombre es como uno de nosotros, sabiendo el bien y el mal; ahora, pues que no alargue su mano, y tome también del árbol de la vida, y coma, y viva para siempre'» (Gn 3: 22).

De esta declaración se infiere que el fruto de ambos árboles poseía un ingrediente que provocaba un cambio en el cuerpo físico, y también, en el ser espiritual. Comer el fruto del árbol del conocimiento de la ciencia del bien y del mal produjo la muerte espiritual y a la larga, física (2: 17). Véase que comer del fruto del árbol de la vida hubiera contrarrestado la muerte física (3: 22). De lo contrario, Dios no hubiera hecho ese comentario.

Puede que la contestación radique en si el ser humano hubiera participado del árbol de vida después de comer su fruto prohibido, hoy en día, estuviese viviendo eternamente con el pecado original de la desobediencia. Así, destruyendo el propósito original de Dios para con nosotros los seres humanos y nuestro futuro:

«... en un momento, en un abrir y cerrar de ojos, a la final trompeta; porque se tocará la trompeta, y los muertos serán resucitados incorruptibles, y nosotros seremos transformados» (1 Co 15: 52).

La vida edénica hubiese continuado sin muerte. En otras palabras, Adán, Eva, los patriarcas, Moisés, en fin, todos estarían vivos en el siglo XXI.

Pero el ser humano escogió lo contrario y corrompió su cuerpo perfecto: *«Porque es necesario que esto corruptible se vista de incorrupción, y esto mortal se vista de inmortalidad»* (1Co 15: 53).

¿Tienes alguna pregunta de lo que leíste en este capítulo? Puedes hacerlas o expresar tus comentarios en la página cibernética:

pastornrivera.com

Capítulo 11

La resurrección

La muerte y resurrección de Cristo ha sido un tema muy debatido a través del tiempo (hoy más que nunca). Con todo respeto, muchos de los cristianos de hoy día que no sepan defender ni explicar claramente estos puntos, serán presas fáciles de las doctrinas falsas y sectas que cada día se levantan. Imagínate, ésta es la base de nuestra fe, ¿cómo es posible que no la conozcamos bien?

Debido a que estamos llegando al punto culminante del libro, repasemos algunos puntos:

- Según Génesis 2: 7 y 17, la humanidad fue creada para que viviera para siempre, pues la muerte vino después de la desobediencia.

- Sabemos que, aunque Jesús nunca pecó, se despojó de sí mismo y de su reino y descendió a esta tierra en un cuerpo humano (corruptible) como el nuestro. Entiéndase que murió y resucitó en un cuerpo incorruptible, según el apóstol Pablo: *«Porque es necesario que esto corruptible se vista de incorrupción, y esto mortal se vista de inmortalidad»* (1 Co 15: 53).

• Vemos que el pecado provocó un cambio y deterioro en la composición física del cuerpo humano.

• Sabemos que la resurrección provocó unos cambios en el cuerpo físico de Jesús

Comencemos a ver el cuerpo (glorificado) de Cristo después de su resurrección. La Biblia nos relata una historia fascinante que, aunque parezca un cuento de ciencia ficción, no lo es. Algunos tratan de desacreditar, ridiculizan y destruyen esas grandes verdades, escudándose detrás del pretexto de que ni siquiera los evangelios están de acuerdo sobre el relato de este magno evento.

Mateo dice una cosa, Marcos y Lucas, otra y hasta Juan no se queda atrás. Los ateos dicen que sus relatos son contradictorios que no debemos aceptarlos como ciertos.

A continuación, aparece una tabla comparativa de las narraciones de la resurrección en los cuatro evangelios. De nada nos puede servir enseñar que tendremos un cuerpo glorificado como el de Cristo, si no podemos demostrar que no existen contradicciones sobre algo tan fundamental en nuestra fe como es su resurrección.

Si no pudiéramos probar lo que la Biblia dice, nuestra fe sería vana. Era lo que pasaba en Corinto, donde algunos no creían en la resurrección de Cristo. Pablo así lo confirma:

«Pero si se predica de Cristo que resucitó de los muertos, ¿cómo dicen algunos entre vosotros que no hay resurrección de muertos? Porque si no hay resurrección de muertos, tampoco Cristo resucitó. Y si Cristo no resucitó, vana es entonces nuestra predicación, vana es también vuestra fe. Y somos hallados falsos testigos de Dios; porque hemos testificado de Dios que él resucitó a Cristo, al cual no resucitó, si en verdad los muertos no resucitan. Porque si los muertos no resucitan, tampoco Cristo resucitó; y si Cristo no resucitó, vuestra fe es vana; aún estáis en vuestros pecados. Entonces también los que durmieron en Cristo perecieron. Si en esta vida solamente esperamos en Cristo, somos los más dignos de conmiseración de todos los ser humanos» (1 Co 15: 12-19).

Mateo	Marcos	Lucas	Juan
Al amanecer, María Magdalena y la otra María fueron al sepulcro (28: 1).	María Magdalena, María, la madre de Jacobo y Salomé llegaron a la salida del sol (16: 1-3).	Llegan a la tumba muy de mañana (24: 1).	María Magdalena llegó a la tumba antes del amanecer (20: 1ª).

Hubo un gran terremoto. La piedra es removida por un ángel, quien se sienta sobre ésta. Su aspecto era semejante a un relámpago. Los guardas se desmayan del miedo (28: 2-4).	Las mujeres estaban preguntándose quién movería la piedra, cuando se percataron de que ya había sido removida (16: 3-4).	Hallaron removida la piedra del sepulcro (24: 2).	Ella vio quitada la piedra. Corre a decirles a Simón Pedro y al discípulo amado que no saben dónde han puesto el cuerpo de Jesús. Ellos corrieron con ella y Pedro entró en la tumba (20: 1b-6)
			Confirmando que el cuerpo no estaba. Se nos dice que el otro discípulo vio y creyó. Luego regresan a los suyos.
El ángel les asegura a las mujeres que Jesús ha resucitado de entre los muertos. Les invita a que entren y vean la tumba vacía (28: 5-6).	Las mujeres entran en la tumba y se encuentran con un joven que les asegura que Jesús resució de entre los muertos (16: 5-6).	Entran a la tumba y se pararon junto a ellas dos varones con ropa resplandeciente, quienes les recordaron de las palabras de Jesús cuando estuvo en Galilea, de que moriría, pero resucitaría al tercer día (24: 3-7).	María se queda fuera de la tumba llorando y decide darle un vistazo. Ve a dos ángeles, vestidos de blanco que le preguntan por qué llora (20: 11-13).

El ángel le dice que informen a los discípulos de la resurrección y que procedan a Galilea, donde Jesús se reuniría con ellos (28: 7).	Las mujeres deben decirles a los discípulos y a Pedro que Jesús estaba esperándolos en Galilea (16: 7).		
Las mujeres corren hacia los discípulos para darles las noticias (28: 8).	Las mujeres salen huyendo, llenas de pánico, sin decirle nada a nadie (16: 8).	Regresan y cuentan a los once y a todos los demás. Las mujeres mencionadas son María Magdalena, Juana y María, madre de Jacobo y las demás con ellas (24: 9-10).	

Tabla 5

Tomemos un ejemplo de la tabla comparativa. Mateo dice que María Magdalena y la otra María fueron al sepulcro al amanecer (28: 1). Marcos dice que Salomé las acompañó (16: 1-3) Juan dice que solamente fue María Magdalena (20: 1ª).

Pero, Lucas complica la cosa (parte inferior) de la tabla, porque dice que las mujeres que regresaron a contarle a los once fueron María Magdalena, Juana y María, madre de Jacobo y las demás con ellas (24: 9-10).

Aunque los 4 evangelios parezcan contradecirse entre sí, sabemos que la Palabra de Dios no se contradice. Veamos cada uno de estos relatos en su orden correcto y encontraremos una historia en un orden perfecto:

- María Magdalena visita la tumba de Cristo el domingo por la mañana, «mientras estaba oscuro» (Jn 20: 1). No estaba sola, porque en el versículo 2 dice, «no sabemos».

- Al ver la piedra removida (Jn 20: 1), regresa corriendo a Pedro y Juan en Jerusalén y les dice, «no sabemos dónde le han puesto» (v. 2).

- Pedro y Juan corren a la tumba y encuentran el lienzo puesto allí. Y "los discípulos" (Pedro y Juan) volvieron a los suyos (a casa, v. 11), pero María Magdalena regresó a la tumba.

- Después de que Pedro y Juan se fueron, María vio a los dos ángeles donde estuvo el cuerpo de Cristo (Jn 20: 12). Entonces, Jesús se le aparece (Mt 16: 9) y le pide que regrese a los discípulos (Jn 20: 14).

- Mientras María Magdalena se aprestaba a regresar con los discípulos, las otras mujeres (la otra María Mt 28: 1, la madre de Jacobo (Lc 24: 10), Salomé (Mc 16: 1), Juana (Lc 24: 1,10) llegaron con las especies para ungir el cuerpo de Cristo (Mc 16: 1) y también, vieron que la piedra había sido removida (Mt 28: 2; Mc 16: 4; Lc 24: 2 y Jn 20: 1). Al entrar en la tumba vieron a "dos" varones (Lc 24: 4), uno de los cuales les dice (Mc 16: 5) que regresen a Galilea, donde verían a Jesús (Mt 28: 5-7; Mc 16: 5-7). Estos dos varones eran ángeles (Jn 20: 12).

- Mientras María Magdalena y las otras mujeres caminaban a contarles a los discípulos, Jesús se les aparece para decirles que regresen a Galilea a "sus hermanos" (Mt 28: 9-10). Mientras tanto, los once discípulos se fueron a Galilea, al monte donde Jesús les había dicho (Mt 28: 16; Mc 16: 7).

- María Magdalena regresó junto con las otras mujeres (Lc 24: 10) a los once (Lc 24: 9) y demás (v. 11). Todos estaban congregados en Galilea, tras puertas cerradas ya que temían a los judíos (Jn 20: 19). María Magdalena les dice que ha visto a Jesús (v.18), pero no le creyeron (Mc 16: 11) ni a las demás mujeres (Lc 24: 11).

- Al escuchar esta noticia, Pedro se levanta y corre hacia el sepulcro. Viendo los lienzos en el sepulcro vacío (Lc 24: 12), se maravilló. [Existen diferencias notables entre su primera y segunda visitas al sepulcro. Ahora se encontraba solo, mientras que Juan lo acompañó en la primera visita (Jn 20: 3-8)]. Aquí estaba definitivamente maravillado; la primera vez, solamente Juan vio y creyó (Jn 20: 8).

- Cuando llegó la noche del primer día de la semana, estando a puertas cerradas por miedo de los judíos, Jesús se les aparece y dice: «Paz a vosotros» (Jn 20: 19-23).

Ahora tenemos un cuadro completo de los sucesos de ese maravilloso primer día de la semana. Como puedes ver, no existe contradicción alguna.

Si me permites, quisiera llamar tu atención al momento en que María se encuentra con Jesús:

«Jesús le dijo: ¡María! Volviéndose ella, le dijo: ¡Raboni! (que quiere decir, Maestro). Jesús le dijo: No me toques, porque aún no he subido a mi Padre; más ve a mis hermanos, y diles: Subo a mi Padre y a vuestro Padre, a mi Dios y a vuestro Dios» (Jn 20: 16-17).

El que Jesús le haya dicho a María que no lo tocara no significa que podía contaminarlo. Tampoco, como algunos dicen, estaba evitando que ella se contaminara por haber tocado un cadáver, de acuerdo con las ordenanzas de Levítico.

En primer lugar, Jesús nunca pecó, así que, no tenía un cuerpo contaminado. En segundo lugar, estaba vivo y en un cuerpo glorificado.

Entonces, ¿qué quiso decir? Bueno, el griego original revela que Jesús usó la frase, *mē mou haptou*. La palabra *haptomai* (ἅπτομαι) significa, 'sujetarse a algo', mientras que *haptō* (ἅπτω), "asegurarse de algo". Este verbo aparece en el modo imperativo, haciendo hincapié en una acción repetida. En otras palabras, estaba diciéndole: "María suéltame, no me sigas agarrando los pies". ¿Cómo llegó a esta conclusión?

Volviendo al relato de los sucesos del día de la resurrección, María Magdalena y la otra María (Mt 28: 1) se encontraron con Jesús en el regreso en cumplimiento de las órdenes del ángel a informarles a los discípulos que Jesús iba a visitarlos ese día.

La Biblia dice que al reconocerlo se acercaron y "abrazaron sus pies":

> *«Entonces ellas, saliendo del sepulcro con temor y gran gozo, fueron corriendo a dar las nuevas a sus discípulos. Y mientras iban a dar las nuevas a los discípulos, he aquí, Jesús le salió al encuentro, diciendo: ¡Salve! Y ellas, acercándose, abrazaron sus pies, y le adoraron»* *(Mt 28: 8-9).*

¡Qué extraño! ¿Por qué los pies?, ¿Por qué no el cuello ni

el tórax? Porque era una señal de adoración profunda y de sumo respeto hacia el Maestro.

Entendemos a María, quien tan gozosa estuvo de encontrar vivo al Maestro que abrazó sus pies. Vemos que era una postura íntima y particular. El Señor le pide que lo suelte, recordándole que todavía tenía una obra por delante, como llevar su sacrificio ante su Padre.

¿Tienes alguna pregunta de lo que leíste en este capítulo? Puedes hacerlas o expresar tus comentarios en la página cibernética:

pastornrivera.com

Capítulo 12

El cuerpo glorificado de Cristo

La Biblia da un anticipo de la eternidad venidera. Una de las cosas significativas es que los que esperamos al Señor recibiremos cuerpos glorificados. Cristo conquistó la muerte cuando resucitó victorioso de entre los muertos y con un cuerpo literalmente, "fuera de este mundo".

Promete que los vencedores tendrán cuerpos semejantes al suyo. Por eso debería llamar nuestra atención. Su cuerpo es fascinante, como veremos a continuación. Si viéramos sus detalles contestaríamos preguntas tales como:

- ¿Qué tipo de cuerpo tendremos?

- ¿Cómo será el cuerpo glorificado?

- ¿Será como el que tenemos hoy en día?

- ¿Nos reconoceremos en el cielo?

- ¿Se parecerá al cuerpo que tenemos aquí en la tierra?

- ¿Podré vivir con mi cónyuge e hijos?

- ¿Reconoceré a mis abuelos? ¿Me reconocerán?

Pero antes, es importante que no perdamos de vista lo que ya hemos discutido sobre el cuerpo perfecto que el ser humano tuvo antes de que pecase.

Ahora, veamos el cuerpo resucitado de Cristo: «Y así como hemos traído la imagen del terrenal, traeremos también la imagen del celestial» (1Co 15: 49). La analogía que nos trae este versículo es que, después de que seamos transformados, como dice 1 Tesalonicenses 4:13-17, y subamos al cielo, seremos como Cristo Jesús (en cuanto al cuerpo, no a su divinidad).

Nuestro cuerpo es semejante al de Adán (corruptible), pero el cuerpo glorificado (incorruptible) será como el de Cristo. El registro bíblico de cómo era y las cosas que hizo, nos ayuda a entenderlo mejor, Juan dice:

«Amados, ahora somos hijos de Dios, y aún no se ha manifestado lo que hemos de ser; pero sabemos que cuando él se manifieste, seremos semejantes a él, porque

le veremos tal como él es» (1 Jn 3: 2).

Los relatos de los evangelios dan referencias limitadas sobre el cuerpo resucitado de Cristo. Por lo tanto, veamos esto con mucha atención:

Un cuerpo humano mejorado, perfecto y sin pecado

Después de su resurrección, Cristo permaneció en la tierra durante unos 40 días. La Biblia nos habla acerca de los testigos fidedignos de este acontecimiento y nos registra en los 4 primeros libros del Nuevo Testamento sus incidencias durante esos días.

Fue reconocido en su nuevo cuerpo glorificado. Esto lo vemos según las historias de los capítulos 20 de Juan y 24 de Lucas. Si 1 Juan 3:2 nos dice que "seremos semejantes a él", esto incluye su cuerpo.

Por lo tanto, también tendremos nuestros mismos cuerpos mejorados, perfecto y sin pecado siendo así reconocidos. Puede que difieras de mí en este punto, pensando que María Magdalena ni los discípulos del camino a Emaús reconocieron a Cristo de inmediato. Analicemos estos acontecimientos.

Meditemos en las últimas horas de Jesús:

> *«Más él herido fue por nuestras rebeliones, molido por nuestros pecados; el castigo de nuestra paz fue sobre él, y por su llaga fuimos nosotros curados» (Is 53: 5).*

Fíjate que Jesús fue "molido". También, parte del versículo 2 dice:

«...no hay parecer en él, ni hermosura; le veremos, más sin atractivo para que le deseemos».

Imaginemos el rostro de Jesús desfigurado por los golpes, los azotes, la vergüenza, hinchado y ensangrentado. No podemos profundizar en la vía crucis (las diferentes etapas vividas por Jesús desde su arresto hasta su crucifixión) porque nos saldríamos del contexto del libro, pero voy a ayudarle a visualizar el rostro de Jesús en sus últimos momentos:

«Los soldados del gobernador llevaron a Jesús al palacio y reunieron a toda la tropa alrededor de él. Le quitaron la ropa y le pusieron un manto de color escarlata. Luego trenzaron una corona de espinas y se la colocaron en la cabeza, y en la mano derecha le pusieron una caña. Arrodillándose delante de él, se burlaban diciendo: ¡Salve, rey de los judíos! Y le escupían, y con la caña le golpeaban la cabeza. Después de burlarse de él, le quitaron el manto, le pusieron su propia ropa y se lo llevaron para crucificarlo» (Mt 27: 27-31).

Este relato nos enseña que cuando fue llevado al palacio, los soldados se reunieron a ridiculizarlo. Le quitaron la ropa y le pusieron un manto color escarlata. Su intención era burlarse del Maestro. Debido a que lo acusaban de creerse el rey de los judíos, quisieron vestirlo como uno pobre, un bufón. Querían que el impostor los entretuviera. Me imagino que le decían: "Tú eres el rey y nosotros tus súbditos. Te vamos a ayudar vistiéndote con la ropa digna de un rey como tú".

Un rey no puede reinar sin corona que simbolice su autoridad. Por lo tanto, trenzaron una de espinas y sé la colocaron en la cabeza. Me imagino que la presionaron para que se le incrustara en la cabeza y provocara el máximo dolor. Pero un rey no puede reinar sin cetro que represente su poder y dignidad. ¡Qué de digno tiene esta escena! Leímos en los versículos anteriores que le pusieron una caña en la mano derecha, y con ella le golpearon la cabeza.

Un día estaba preparándome para predicar sobre estos versículos y el Señor me abrió los ojos a esto que quiero compartirle. Me preguntaba qué tipo de caña le pusieron en la mano. La curiosidad me llevó a la Biblia, donde tres tipos son mencionados. A continuación, las explico:

El junco

«¿Crece el junco donde no hay lodo? ¿Crece el prado donde no hay agua?» (Jb 8: 11).

Conocido también como caña sacudida por el viento.

«Cuando se fueron los mensajeros de Juan, comenzó a decir de Juan a la gente: ¿Qué salisteis a ver al desierto? ¿Una caña sacudida por el viento?» (Lc 7: 24).

El diccionario gratis de Farlex ("The free dictionary by Farlex") define el junco como: 'nombre común de las plantas herbáceas de tallo recto, largo, delgado, cilíndrico y flexible que crecen en sitios húmedos y son de color verde oscuro.

Si fuera este tipo de caña, ¿cuál hubiera sido el propósito de los soldados romanos al ponerle este tipo de caña en la mano derecha de Jesús? ¿Pegarle? ¿Qué lograrían con esto?

La caña de medir

Una planta conocida como cálamo o caña dulce que por su forma y longitud llegó a usarse para medir. [1]

> *«Me llevó allí, y he aquí un varón, cuyo aspecto era como aspecto de bronce; y tenía un cordel de lino en su mano, y una caña de medir; y él estaba a la puerta» (Ez 40: 3).*

Podrás pensar que era lo suficientemente fuerte como para mantenerse erguida cuando se usaba para medir. De ser así, los soldados romanos pudieron haberla usado para golpear al Maestro. Pero antes de que acepte esta posibilidad, te presento el "báculo de la caña cascada".

El báculo de la caña cascada

Este tipo de caña mencionada en 2 Reyes 18:21:

> *«He aquí que confías en este báculo de caña cascada, en Egipto, en el cual si alguno se apoyare, se le entrará por la mano y la traspasará. Tal es Faraón rey de Egipto para todos los que en él confían».*

Ésta tenía una especie de espinas finitas que fácilmente se insertaban en el cuerpo, provocando un dolor intenso. Los próximos dos versículos lo explican mejor:

> *«Y sabrán todos los moradores de Egipto que yo soy Jehová, por cuanto fueron báculo de caña a la casa de Israel. Cuando te tomaron con la mano, te quebraste, y les rompiste todo el hombro; y cuando se apoyaron en ti, te quebraste, y les*

rompiste sus lomos enteramente» (Ez 29: 6-7).

Ahora, imagínese esta caña cascada en la mano derecha de Jesús y luego, como dice Mateo, «*Y escupiéndole, tomaban la caña y le golpeaban en la cabeza*» (27: 30). Qué mejor juego de piezas reales para nuestro Salvador: vestimenta real, corona y cetro. Sin embargo, no eran símbolos de honra, sino deshonra.

Como expresé anteriormente, no puedo profundizar este tema de la vía crucis de Cristo, pero quise traer este detalle de su dolor y vergüenza emocional, ya que muchos libros presentan solamente el punto de vista de la parte médica, incluyendo la explicación de la hematidrosis en el huerto de Getsemaní.

Regresemos al recuento de María Magdalena y los discípulos camino a Emaús que no reconocieron a Jesús. ¿Cuál fue la última impresión del maestro en la mente de María Magdalena en sus últimos momentos de vida: ensangrentado, desfigurado, hinchado sobre la cruz?

Eso quedó plasmado en la mente de ella y de los discípulos, pero ahora, al tercer día, Jesús aparece como si nada hubiese pasado. María Magdalena estaba llorando debido a que no esperaba que el Jesús que había sido envuelto en lienzos con especies aromáticas, estuviera detrás de ella:

> «*También Nicodemo, el que antes había visitado a Jesús de noche, vino trayendo un compuesto de mirra y de áloes, como cien libras. Tomaron, pues, el cuerpo de Jesús, y lo envolvieron en lienzos con especias aromáticas, según es costumbre sepultar entre los judíos*» *(Jn 19: 39-40).*

María Magdalena se asomó al sepulcro, donde dos ángeles, con vestiduras blancas, preguntaron por qué lloraba. Mientras les respondía, se voltea y se encuentra con un hombre inesperado. De inmediato pensó que era un empleado de aquel lugar, el hortelano.

El personaje le hace dos preguntas: ¿Por qué lloras? ¿A quién buscas? Su respuesta: *«Señor, si tú lo has llevado, dime dónde lo has puesto y yo lo llevaré»* (Jn 20: 15).

Jesús menciona su nombre con tanta ternura y amor que ella lo reconoce. Este detalle es importante porque reconoció su voz, su timbre único, a tal punto que lo llamó, "Raboni", que significa, "Maestro" (Jn 20: 11-16).

Nuestros cuerpos glorificados conservarán su tono de voz anterior. Las otras mujeres también reconocieron a Jesús en el camino:

> *«Entonces ellas, saliendo del sepulcro con temor y gran gozo, fueron corriendo a dar las nuevas a sus discípulos. Y mientras iban a dar las nuevas a los discípulos, he aquí, Jesús le salió al encuentro, diciendo "¡Salve!" Y ellas, acercándose, abrazaron sus pies, y le adoraron. Entonces Jesús les dijo: No temáis; id, dad las nuevas a mis hermanos, para que vayan a Galilea, y allí me verán»* (Mt 28: 8-10)

***

El segundo caso que quisiera traer a colación son los dos discípulos en el camino a Emaús. Lucas, capítulo 24, versículos del 13 al 35, relata la historia de dos discípulos que iban de Jerusalén iban a una aldea llamada Emaús. Dice que iban discutiendo el tema obligatorio de la muerte de Jesús. De repente, Jesús mismo se les acerca y camina con ellos (v. 15).

Nótese que el versículo 16 aporta un detalle importantísimo sobre la razón por la que no lo reconocieron: «*Mas los ojos de ellos estaban velados, para que no le conociesen*». En otras palabras, Jesús vendó sus ojos (en lenguaje figurado) para que no le conociesen. De lo contrario lo hubiesen reconocido inmediatamente.

Pero no era el momento para revelárseles, sino caminar y dialogar con ellos como forastero. Después de haber compartido con ellos por el camino, le pidieron que se quedara a cenar. Fue ahí que Jesús quitó la venda de sus ojos y lo reconocieron inmediatamente. Entonces, Jesús desapareció.

Podremos desaparecer y aparecer cuando queramos

Una de las características del cuerpo glorificado es que puede desaparecer en un instante. No es ciencia ficción. Será más real que usted y yo. Veamos este detalle en las Escrituras:

> «*Llegaron a la aldea a donde iban, y él hizo como que iba más lejos. Mas ellos le obligaron a quedarse, diciendo: Quédate con nosotros, porque se hace tarde, y el día ya ha declinado. Entró, pues, a quedarse con ellos. Y aconteció que estando sentado con ellos a la mesa, tomó el pan y lo bendijo, lo partió, y les dio. Entonces les fueron abiertos los ojos, y le reconocieron; **más él se desapareció de su vista**. Y se decían el uno al otro: ¿No ardía nuestro corazón en nosotros, mientras nos hablaba en el camino, y cuando nos abría las Escrituras? Y levantándose en la misma hora, volvieron a Jerusalén, y*

hallaron a los once reunidos, y a los que estaban con el-
los que decían: Ha resucitado el Señor verdaderamente,
y ha aparecido a Simón. Entonces ellos contaban las co-
sas que les habían acontecido en el camino, y cómo le
habían reconocido al partir el pan» (Lc 24: 28-35).

Véase que Jesús intencionalmente evitó que lo reconocieran. Esto nos dice algo acerca del cuerpo glorificado: seremos reconocibles y reconoceremos a otros. Ahora bien, no perdamos de perspectiva lo que Jesús les responde a los saduceos, quienes no creían en la resurrección:

«Aquel día vinieron a él los saduceos, que dicen que no
hay resurrección, y le preguntaron, diciendo: Maestro,
Moisés dijo: Si alguno muriere sin hijos, su hermano
se casará con su mujer, y levantará descendencia a su
hermano. Hubo, pues, entre nosotros siete hermanos; el
primero se casó, y murió; y no teniendo descendencia,
dejó su mujer a su hermano. De la misma manera tam-
bién el segundo y el tercero, hasta el séptimo. Y después
de todos murió también la mujer. En la resurrección,
pues, ¿de cuál de los siete será ella mujer, ya que todos la
tuvieron? Entonces respondiendo Jesús, les dijo: Erráis,
ignorando las Escrituras y el poder de Dios. Porque en
la resurrección ni se casarán ni se darán en casamiento,
sino serán como los ángeles de Dios en el cielo. Pero re-
specto a la resurrección de los muertos, ¿no habéis leído
lo que os fue dicho por Dios, cuando dijo: Yo soy el Dios
de Abraham, el Dios de Isaac y el Dios de Jacob? Dios
no es Dios de muertos, sino de vivos. Oyendo esto la gen-
te, se admiraba de su doctrina» (Mt 22: 23-33).

Jesús fue claro con su respuesta. En primer lugar, los que resuciten en cuerpos glorificados no se casarán ni se darán en casamiento. En segundo lugar, serán como los ángeles de Dios en el cielo. Es decir, cuando esté en el cuerpo glorificado.

El cuerpo glorificado vendrá con amor perfecto

No me uniré a mi esposa como lo hacía en la tierra. La reconoceré, pero será un amor distinto al de ahora. Ella será como una hermana. ¿Por qué? Porque seremos como los ángeles. ¿Y cómo son los ángeles? No pueden casarse porque carecen de los órganos sexuales. Déjeme explicarlo con otra historia de Mateo:

> *«Mientras él aún hablaba a la gente, he aquí su madre y sus hermanos estaban afuera, y le querían hablar. Y le dijo uno: He aquí tu madre y tus hermanos están afuera, y te quieren hablar. Respondiendo él al que le decía esto, dijo: ¿Quién es mi madre, y quienes son mis hermanos? Y extendiendo su mano hacia sus discípulos, dijo: He aquí mi madre y mis hermanos. Porque todo aquel que hace la voluntad de mi Padre que está en los cielos, ése es mi hermano, y hermana, y madre» (12: 46-50).*

Las personas que desconocen la Biblia pudieran concluir que Jesús se comportó como un mimado, consentido, inculto, al faltarle el respeto a su madre y hermanos. Él estaba dando un discurso, cuando María, su madre y sus hermanos llegaron a hablarle, pero no pudieron ya que la multitud era grande (Lc 8:21).

Entonces, le enviaron un recado. Me imagino que era algo muy importante como para interrumpir su discurso. Era algo que no podía esperar. La persona le lleva el recado a Jesús, quien hace dos preguntas con la intención de traer una enseñanza:

¿Quién es mi madre y quiénes son mis hermanos? Alguien pudiera pensar que debido a que los hermanos de Jesús no creían en él pues Jesús los ignoró. ¿Pero a su madre?

Para entenderlo, veamos los cuatro tipos de amores:

Eros	Amor sexual, erótico entre parejas.
Estórgos	Amor de amistad, fraternal, compañerismo y familiares.
Filial	Amor que se siente por miembros de una comunidad, amigos y familia.
Ágape	Amor perfecto de Dios.

Tabla 6

Los tres primeros dependen de que la otra persona corresponda. Siempre se espera algo a cambio. Por eso es por lo que hay tantos divorcios: "Como no me correspondía, nos dejamos". El capítulo 13 de Primera de Corintios habla del amor ágape, ese tipo de amor perfecto y limpio que no espera nada a cambio.

Cuando aprendamos a vivir bajo este código de amor que no espera nada a cambio, no importa cómo podemos comportarnos, hagamos, no importa si hacemos ni dejamos de hacer que no estemos heridos (sentimientos) o no. Cuando aprendamos a vestirnos de ese amor perfecto, entonces cumpliremos con gran facilidad lo que dice el Apóstol Pablo:

«El amor es sufrido, es benigno; el amor no tiene envidia, el amor no es jactancioso, no se envanece; no hace nada indebido, no busca lo suyo, no se irrita, no guarda rencor; no se goza de la injusticia, más se goza de la

verdad. Todo lo sufre, todo lo cree, todo lo espera, todo lo soporta. El amor nunca deja de ser...» (1 Co 13: 4-8).

Jesús no estaba faltándoles el respeto a su madre y hermanos. Quería enseñarle a la gente que en su corazón solamente existe el amor ágape, el cual no distingue entre madre, padre, hijos, hermanos, esposos, amigos.

Este amor se manifestará en el cuerpo glorificado. Ese amor perfecto no permitirá que ame a unos más que a otros. Por lo tanto, reconoceré a mi esposa, mis hijos, padres y abuelos, y los amaré con el amor que a los demás.

Por si acaso alguien todavía no estuviere convencido, le digo: «*Porque ¿quién conoció la mente del Señor? ¿Quién le instruirá? Más nosotros tenemos la mente de Cristo*» (1 Co 2: 16). Imagínese una mente sin sujeción al cuerpo mortal ni una finita. La pregunta es, ¿conocerá Cristo a cada persona del planeta?

Si así es, entonces, nosotros también los conoceremos. No se equivoque; no estoy diciendo que seremos dioses. Así que, tenemos otro detalle para entender y conocer nuestro futuro cuerpo de gloria.

El cuerpo glorificado viajaba más rápido que la luz

¿Cómo lo sabemos? «*Jesús le dijo a María Magdalena: 'No me toques, porque aún no he subido a mi Padre; más ve a mis hermanos, y diles: subo a mi Padre y a vuestro Padre, a mi Dios y a vuestro Dios'»* (Jn 20: 17).

Subió al Padre por la mañana y esa misma noche estuvo de vuelta con sus discípulos: «Cuando llegó la noche de aquel mismo día, *el primero de la semana, estando las puertas cerradas en el lugar donde los discípulos estaban reunidos por miedo de los judíos, vino Jesús, y puesto en medio, les dijo: Paz a vosotros»* (Jn 20: 19).

Tantos millones de dólares que gastan los gobiernos para ser los primeros en cruzar el espacio. La Administración Nacional de Aeronáutica y del Espacio (NASA, por sus siglas en inglés) dice que quiere llegar al planeta Marte, nuestro vecino más cercano.

Estima que con la tecnología existente, el viaje tardaría entre 7 a 9 meses. Pero nuestros cuerpos glorificados no estarán atados al tiempo ni a las leyes de la naturaleza. En un instante iremos de la tierra al cielo y de regreso. Esto debería llenarnos de gozo.

Piensa, querido lector y lectora: seremos los primeros y únicos en cruzar los cielos, si somos fieles hasta la venida del Señor. Me emociona que durante el milenio podremos relacionarnos con las naciones en la tierra.

Cuando queramos subir a la presencia del Padre para decirle que lo amamos, estar con él y en fracción de un segundo, volver a la tierra. La Iglesia, novia y futura esposa del Cordero, tendrá este maravilloso privilegio.

El Jesús glorificado traspasaba los objetos sólidos

> *«Cuando llegó la noche de aquel mismo día, el primero de la semana, estando las puertas cerradas en el lugar donde los discípulos estaban reunidos por miedo de los judíos, vino Jesús, y puesto en medio, les dijo: Paz a vosotros. Y cuando les hubo dicho esto, les mostró las manos y el costado. Y los discípulos se regocijaron viendo al Señor» (Jn 20: 19-20).*

Con solamente pensar que no estaremos atados a las leyes naturales ni a la fuerza de gravedad, levanto mi rostro hacia el cielo y doy gloria y honra a Dios por los siglos de los siglos. Jesús aparecía y desaparecía a su antojo.

Ya mencionamos que caminó junto a los dos discípulos hasta Emaús y que desapareció de su vista después de haberles servido la comida. Imagínate, nada sólido puede traspasar una pared, pero Cristo transformaba su cuerpo a su voluntad. Nosotros, también, lo vamos a poder hacer.

El Jesús glorificado comía y bebía sin ningún problema

En el cuerpo glorificado comeremos y beberemos sin los problemas de la digestión, asimilación o eliminación, tal y como Jesús lo hizo. No comeremos para mantenernos vivos, sino para compartir con nuestros hermanos en la fe que pasaron al estado del milenio en sus cuerpos todavía terrenal:

> *«Y como todavía ellos, de gozo, no lo creían, y estaban maravillados, les dijo: ¿Tenéis aquí algo de comer? Entonces le dieron parte de un pez asado, y un panal de miel. Y él lo tomó, y comió delante de ellos» (Lc 24: 41-*

43).

Posteriormente, Jesús vuelve a aparecerse ante sus discípulos junto al mar de Tiberias (Jn 21: 1-4). Sucediendo esto después de la escena con Tomás. Aquel quien no creía que hubiera resucitado y tuvo que meter la mano en su costado, 20: 26-27 ibíd.

Ellos estaban tratando de pescar, cuando al amanecer Jesús aparece en la playa, preguntándoles si ellos tenían algo de comer. Después de haberles dado unas instrucciones para que pescaran, uno de los discípulos le dice a Pedro: «¡Es el Señor!» (v. 7).

Pedro inmediatamente se vistió y se echó al mar para llegar a donde el Maestro. Luego, cuando el resto llegó a la orilla, encontraron a Jesús calentando la sartén: «*... traed de los peces que acabáis de pescar*» (v. 10):

> *«Les dijo Jesús: Venid, comed. Y ninguno de los discípulos se atrevía a preguntarle: ¿Tú, quién eres? Sabiendo que era el Señor. Vino, pues, Jesús y tomó el pan y les dio, y asimismo del pescado. Ésta era ya la tercera vez que Jesús se manifestaba a sus discípulos, después de haber resucitado de los muertos» (Jn 21: 12-14).*

En el libro de Génesis encontramos a Abraham sentado a la puerta de su tienda, debido al calor, cuando de repente se le aparecieron tres varones:

> *«Después le apareció Jehová en el encinar de Mamre, estando él sentado a la puerta de su tienda en el calor del día. Y alzó sus ojos y miró, y he aquí tres varones que estaban juntos a él; y cuando los vio, salió corriendo de la puerta de su tienda a recibirlos, y se postró en tierra, y dijo: Señor, si ahora he hallado gracia en tus ojos, te*

ruego que no pases de tu siervo. Que se traiga ahora un poco de agua, y lavad vuestros pies; y recostaos debajo de un árbol, y traeré un bocado de pan, y sustentad vuestro corazón, y después pasaréis; pues por eso habéis pasado cerca de vuestro siervo. Y ellos dijeron: Haz así como has dicho» (18: 1-5).

Abraham estaba tan contento de que corrió a buscar a Sara y le dijo (estoy parafraseando): "Amorcito, tenemos visita. Avanza y cocina para que coman; mientras tanto voy a preparar la ternera". Y después les sirvió la comida:

«Entonces Abraham fue de prisa a la tienda a Sara, y le dijo: Toma pronto tres medidas de flor de harina, y amasa y haz panes cocidos debajo del rescoldo. Y corrió Abraham a las vacas, y tomó un becerro tierno y bueno, y lo dio al criado, y éste se dio prisa a prepararlo. Tomó también mantequilla y leche, y el becerro que había preparado, y lo puso delante de ellos; y él se estuvo con ellos debajo del árbol, y comieron» (vv. 6-8).

Alguien pudiera objetar el pensamiento expresando que la Biblia no menciona a la visita como ángeles. Bueno, el primer versículo del capítulo 18 dice que, "le apareció Jehová a Abraham". ¿Cómo sabemos que era Jehová? Los versículos del 9 al 14 indican que después de la comida, uno de varones le preguntó a Abraham por su esposa, añadiendo que dentro de 9 meses daría a luz un hijo:

«Y le dijeron: ¿Dónde está Sara tu mujer? Y él respondió: Aquí en la tienda. Entonces dijo: De cierto volveré a ti; y según el tiempo de la vida, he aquí que Sara tu mujer tendrá un hijo. Y Sara escuchaba a la puerta de la tienda que estaba detrás de él».

Dice la Biblia que Sara se rió, por lo que Jehová le pregunta a Abraham:

«Y Abraham y Sara eran viejos, de edad avanzada; y a Sara le había cesado ya la costumbre de las mujeres. Se rio, pues, Sara entre sí, diciendo: ¿Después que he envejecido tendré deleite, siendo también mi señor ya viejo? Entonces Jehová dijo a Abraham: ¿Por qué se ha reído Sara? Diciendo: ¿Será cierto que he de dar a luz siendo ya vieja? ¿Hay para Dios alguna cosa difícil? Al tiempo señalado volveré a ti, y según el tiempo de la vida, Sara tendrá un hijo».

Como vemos, Jehová y sus dos ángeles estuvieron con Abraham y Sara a lo cual conversaron con ellos y comieron lo que se les preparó. Tenemos otro caso bíblico:

«Llegaron, pues, los dos ángeles a Sodoma a la caída de la tarde; y Lot estaba sentado a la puerta de Sodoma. Y viéndolos Lot, se levantó a recibirlos, y se inclinó hacia el suelo, y dijo: Ahora, mis señores, os ruego que vengáis a casa de vuestro siervo y os hospedéis, y lavaréis vuestros pies; y por la mañana os levantaréis, y seguiréis vuestro camino. Y ellos respondieron: No que en la calle nos quedaremos esta noche. Más él porfió con ellos mucho, y fueron con él, y entraron en su casa; y les hizo banquete, y coció panes sin levadura, y comieron» (Gn 19: 1-3).

Estos ángeles también comieron en la casa de Lot. Existen otros ejemplos, pero creo está claro que los ángeles pueden comer. Por último,

Los ángeles tienen comida en el cielo:

«E hizo llover sobre ellos maná para que comiesen, Y les dio trigo de los cielos» (Sal 78: 24).

«Nuestros padres comieron el maná en el desierto, como está escrito: Pan del cielo les dio a comer» (Jn 6: 31).

«El que tiene oído, oiga lo que el Espíritu dice a las iglesias. Al que venciere, daré a comer del maná escondido» (Ap 2: 17).

Alguien se preguntará, ¿cómo eliminarán la comida? Muy buena pregunta. La Biblia no presenta información sobre esto. Por lo tanto, solo podemos decir que él sabe lo que hace y lo que no entendemos ahora, lo entenderemos luego.

El Jesús glorificado era de carne y hueso, pero sin sangre

¿Por qué el cuerpo glorificado tendrá carne y hueso pero ninguna sangre? Esta pregunta es importante debido a que el apóstol Pablo dice:

> «Pero esto digo, hermanos: que la carne y la sangre no pueden heredar el reino de Dios, ni la corrupción hereda la incorrupción» (1 Co 15: 50).

¿De qué *carne* está hablando Pablo? En este versículo se usa la palabra σάρξ (*sarx*) para definirla: El *Diccionario Hebreo-Griego de Strong* –(G4561). La define de la siguiente manera:

> "Carne (desnuda) esto es, estrictamente de un animal (para comida); por extensión, el cuerpo (al contrario, el alma o espíritu); como símbolo de lo externo, (por implicación) la naturaleza humana; (específicamente) el ser humano." [2]

El apóstol está refiriéndose al cuerpo con su naturaleza humana. Si se parafrasea leería: "Pero esto digo, hermanos: que ni este cuerpo (naturaleza humana) ni su sangre puede heredar el reino de Dios".

Él menciona algunos datos interesantes:

1- Existen diferentes tipos de carnes:
   a) Seres humanos
   b) Animales
   c) Peces
   d) Aves

2- Existen dos tipos de cuerpos:
   a) Celestial (gloria de los celestiales)
   b) Terrenal (gloria de los terrenales)

«No toda carne es la misma carne, sino que una carne es la de los hombres, otra carne la de las bestias, otra la de los peces, y otra la de las aves. [40] Y hay cuerpos celestiales, y cuerpos terrenales; pero una es la gloria de los celestiales, y otra la de los terrenales» (1 Co 15:39-40).

Pablo separa el uno del otro en el verso 48:

Cual el terrenal, tales también los terrenales; y cual el celestial, tales también los celestiales (vv. 48 ibíd.).

El cuerpo terrenal fue creado únicamente para funcional en el tiempo y espacio de este mundo físico. La ciencia humana nos confirma la ciencia de Dios en que nos dice que la vida de todo ser viviente (mundo físico) se encuentra en su sangre.

En su artículo titulado "Introducción a la sangre" el médico Ravindra Sarode de la Universidad de Texas Southwestern Medical Center, en su última revisión completa de enero 2018 nos dice lo siguiente:

> *"Mientras circula por el cuerpo, la sangre realiza varias funciones esenciales. Distribuye oxígeno y nutrientes esenciales (como grasas, azúcares, minerales y vitaminas) a los diferentes tejidos del organismo. Además, transporta el dióxido de carbono a los pulmones y lleva otros productos de desecho hacia los riñones para que sean eliminados del organismo. Asimismo, circulan en la sangre distintas hormonas (mensajeros químicos) que permiten que las diferentes partes del cuerpo se comuniquen entre sí. También transporta ciertos componentes que combaten infecciones y otros que sirven para hacer cesar los sangrados".* [3]

Como podemos ver, ese líquido rojo tiene una función tan vital en el cuerpo humano y animal que, para mantenerlos vivo, ambos necesitan un órgano muscular llamado corazón. Este a su vez hace que la sangre circule todo el cuerpo así manteniéndolos vivo. Podemos decir también que, para que la sangre pueda hacer su trabajo necesita el corazón.

Es por esto por lo que Dios a través de su palabra prohíbe al ser humano comer sangre:

> *«Pero carne con su vida, que es su sangre, no comeréis» (Gn 9:4).*

> *«Si cualquier varón de la casa de Israel, o de los extranjeros que moran entre ellos, comiere alguna sangre, yo pondré mi rostro contra la persona que comiere sangre, y la cortaré de entre su pueblo» (Lv 17:10).*

Ahora, El cuerpo glorificado no tendrá necesidad de la sangre humana ya que no dependerá de ella para mantenerse vivo por la eternidad. Este cuerpo (literalmente fuera de este mundo), vivirá eternamente y para siempre por el poder de la palabra de Dios. Veamos un ejemplo de esto:

El día de su resurrección, al anochecer Jesús se presenta a sus discípulos en un monte en Galilea donde les había enviado ir para que se reunieran y esperaran su llegada. Lo interesante de este asunto está en la forma que el maestro se les presentó.

Los discípulos se encontraban encerrados por miedo a los judíos y en espera de Jesús. En vez del maestro anunciar su llegada como cualquier persona común, lo hace con gran estilo. Algo lógico hubiera sido algo tan simple como tocar a la puerta o anunciar su llegada en voz alta para que le abrieran la puerta,

Pero no, él entró por un lugar imposible para entrar, por la pared. Haciendo lo que un mero mortal no podía hacer, la traspasó. Si los discípulos estaban atemorizados por los acontecimientos de los días anteriores imagínense cómo estarían al ver a alguien traspasar la pared.

«Cuando llegó la noche de aquel mismo día, el primero de la semana, estando las puertas cerradas en el lugar donde los discípulos estaban reunidos por miedo de los judíos, vino Jesús, y puesto en medio, les dijo: 'Paz a vosotros'» (Jn 20:19).

Lucas 24: 37-38 nos da los detalles de ese momento inesperado:

«Entonces, espantados y atemorizados, pensaban que veían un espíritu. Pero él les dijo: '¿Por qué estáis turbados, y vienen a vuestro corazón estos pensamientos?'»

Inmediatamente les trae calma con sus palabras:

«Jesús les dijo a los discípulos: 'Mirad mis manos y mis

pies que yo mismo soy; palpad, y ved; porque un espíritu no tiene carne ni huesos, como veis que yo tengo. Y diciendo esto, les mostró las manos y los pies » (Lc 24: 39).

¿Crees que Tomás pudo haber metido su mano en las heridas de Jesús teniendo su cuerpo terrenal? Si tuviera el órgano muscular llamado corazón latiendo en su cuerpo, ¿acaso no se hubiese desangrado por esos orificios?

Nosotros tendremos un cuerpo semejante al de él:

«Amados, ahora somos hijos de Dios, y aún no se ha manifestado lo que hemos de ser; pero sabemos que cuando él se manifieste, seremos semejantes a él, porque le veremos tal como él es» (1 Jn 3:2).

Cristo tuvo un cuerpo muy especial. Aunque te parezca, no es ciencia ficción, sino una realidad que pronto sucederá. Yo anhelo ese momento glorioso. Hermanos y hermanas, así será nuestro cuerpo.

Creo firmemente que en el milenio tendremos la facultad de cambiar de un cuerpo material a uno inmaterial, para que cuando queramos, subamos al cielo. ¡Cómo anhelo ese cuerpo!

¿Tienes alguna pregunta de lo que leíste en este capítulo? Puedes hacerlas o expresar tus comentarios en la página cibernética:

pastornrivera.com

Capítulo 13

Pablo, el agricultor

«Pero dirá alguno: ¿Cómo resucitarán los muertos? ¿Con qué cuerpo vendrán? Necio, lo que tú siembras no se vivifica, si no muere antes. Y lo que siembras no es el cuerpo que ha de salir, sino el grano desnudo, ya sea de trigo o de otro grano; pero Dios le da el cuerpo como él quiso, y a cada semilla su propio cuerpo» (1 Co 15: 35-38).

El cuerpo celestial tomará el lugar del terrenal durante el proceso (literalmente fuera de este mundo) de la transformación o glorificación. Se dará en milésimas de segundos: «... en un momento, en un abrir y cerrar de ojos, a la final trompeta; porque se tocará la trompeta, y los muertos serán resucitados incorruptibles, y *nosotros seremos transformados...*» (1 Co 15: 52).

Sin embargo, el cuerpo (corruptible) no será deshecho ni

eliminado. Dice que seremos transformados. El transformar es "hacer que una cosa cambie o sea distinta, pero sin alterar sus características esenciales". [1]

Analicémoslo más de cerca. La Biblia menciona tres tipos de cuerpos:

1- Animal/bestias del campo (Gn 2: 19).

2- Terrenal/de pecado (1 Co 2: 14).

3- Glorificado/ perfecto (1 Co 15: 51).

«No toda carne es la misma carne, sino que una carne es la de los seres humanos, otra carne la de las bestias, otra la de los peces, y otra la de las aves. Y hay cuerpos celestiales, y cuerpos terrenales; pero una es la gloria de los celestiales, y otra la de los terrenales» (1 Co 15: 39-40).

El proceso comenzará en su debido orden cuando Cristo venga a buscar a su pueblo, como dice la Escritura (1Co 15: 52), a la final trompeta, pues es un Dios de orden. ¿Cuál será?

En primer lugar, la trompeta sonará. Dios Padre ordenará a su Hijo Jesucristo que busque a su novia y luego, esposa (la Iglesia). Los que estemos sobrios y con un oído espiritual afinado, escucharemos la orden como de trompeta:

«Mas vosotros, hermanos, no estáis en tinieblas, para que aquel día os sorprenda como ladrón. Porque todos vosotros sois hijos de luz e hijos del día; no somos de la noche ni de las tinieblas. Por tanto, no durmamos como los demás, sino velemos y seamos sobrios» (1 Ts 5: 4-6).

En segundo lugar, Dios pondrá en vigor el orden establecido desde antes de la fundación del mundo:

«Porque así como en Adán todos mueren, también en Cristo todos serán vivificados. Pero cada uno en su debido orden: Cristo, las primicias; luego los que son de Cristo, en su venida» (1 Co 15: 22-23).

Antes de Cristo, nadie tuvo ese cuerpo glorificado. Adán, Enoc, Abraham, Moisés, Elías y todos los que murieron antes y después, no tienen cuerpos glorificados, porque violentarían el orden de Dios: «Dios no es ser humano, para que mienta, ni hijo de ser humano para que se arrepienta. Él dijo, ¿y no hará? Habló, ¿y no lo ejecutará?» (Nm 23: 19). El orden es como sigue:[1]

Cristo: «Mas ahora Cristo ha resucitado de los muertos; primicias de los que durmieron es hecho» (1 Co 15: 20). *La pregunta que nos hacemos es: ¿fue Cristo el único que murió y resucitó? No. Adán murió antes. Lázaro, su amigo, murió, pero lo resucitó»* (Jn 11: 17-44). Entonces, ¿a qué se refiere como "primicias de los que duermen"? No fue el primero ni el último que resucitó, pero estamos seguros de que es el único que no murió de nuevo. Por eso, es primicia de los que duermen (muertos). Nosotros seremos transformados y nunca moriremos.

1. **Las primicias:** ¿Quiénes son? Los cristianos (santos) del tiempo de la Iglesia: «Porque el Señor mismo con voz de mando, con voz de arcángel, y con trompeta de Dios, descenderá del cielo; y los muertos en Cristo resucitarán En primer lugar» (1 Ts 4: 16).

2. **Luego** (lapso) **los que son de Cristo, en su venida** (*telos –*

---

1 Este tema puede ser controversial. Debido a que me obligaría a salirme del tópico de este libro me limito solamente a pasar por él en forma superficial.

'fin, terminación').

Hablemos un poco acerca de los santos (muertos) de la gran tribulación:

> *«Y vi tronos, y se sentaron sobre ellos los que recibieron facultad de juzgar; y vi las almas de los decapitados por causa del testimonio de Jesús y por la palabra de Dios, los que no habían adorado a la bestia ni a su imagen, y que no recibieron la marca en sus frentes ni en sus manos; y vivieron y reinaron con Cristo mil años. Pero los otros muertos no volvieron a vivir hasta que se cumplieron mil años. Ésta es la primera resurrección»* (Ap 20: 4-5).

En cuanto a los santos del Antiguo Testamento:

> *«En aquel tiempo se levantará Miguel, el gran príncipe que está de parte de los hijos de tu pueblo; y será tiempo de angustia, cual nunca fue desde que hubo gente hasta entonces; pero en aquel tiempo será libertado tu pueblo, todos los que se hallen escritos en el libro. Y muchos de los que duermen en el polvo de la tierra serán despertados, unos para vida eterna, y otros para vergüenza y confusión perpetua. Los entendidos resplandecerán como el resplandor del firmamento; y los que enseñan la justicia a la multitud, como las estrellas a perpetua eternidad»* (Dn 12: 1-3).

> *«Aumentaste el pueblo, oh Jehová, aumentaste el pueblo; te hiciste glorioso; ensanchaste todos los confines de la tierra. Jehová, en la tribulación te buscaron; derramaron oración cuando los castigaste. Como la mujer encinta cuando se acerca el alumbramiento gime y da gritos en sus dolores, así hemos sido delante de ti, oh Jehová. Concebimos, tuvimos dolores de parto, dimos a luz viento; ninguna liberación hicimos en la tierra, ni cayeron los moradores del mundo. Tus muertos vivirán; sus cadáveres resucitarán. ¡Despertad y cantad, moradores*

del polvo porque tu rocío es cual rocío de hortalizas, y la
tierra dará sus muertos!» (Is 26: 15-19).

El apóstol Pablo ilustra magistralmente este proceso con la semilla o el grano. Él describe la maduración o el crecimiento (levantamiento) del grano de un modo distinto a otros. No mezcla el fenómeno de la germinación con el de maduración.

No siembra la semilla para cosecharla tan pronto se hace visible sobre la tierra. La madurez es un proceso que toma meses o años para perfeccionarse. No se dice que ha madurado hasta que está a punto de la cosecha.

Cuando la semilla desnuda es sembrada, no reaparece, sino que muere y pierde su forma. No vuelve jamás a su cuerpo de semilla, porque un cuerpo nuevo sale de ella sobre la tierra. Se le conoce como "el cuerpo que brota de aquello que se sembró".

Pero Pablo dice: «Y lo que siembras no es el cuerpo que ha de salir...» (1 Co 15: 37[a]). Debe pasar un tiempo hasta que reciba el cuerpo, según el Creador lo determine. He aquí, tres cuerpos en el proceso de la semilla, más o menos relacionadas:

1) El de la semilla

2) El que brota

3) El de maduración

Este tercero, o cuerpo glorificado, brota de la semilla desnuda que fue plantada en la tierra. En primer lugar, fue enterrado; en segundo lugar, cobra vida; en tercer lugar, nace de la tierra.

Quisiera traer otro ejemplo bíblico y su aplicación: «Porque el Señor mismo con voz de mando, con voz de arcángel, y con trompeta de Dios, descenderá del cielo; y los muertos en Cristo resucitarán en primer lugar» (1 Ts 4: 16). Fíjese en la parte del texto que dice, «… los muertos en Cristo resucitaran primero…».

En una ocasión, mientras estudiaba este capítulo, me fijé en esta parte del versículo y como que choqué con una pared. Comencé a hacerme preguntas sin respuestas. Esa experiencia me llevó a escudriñar a fondo la Palabra y a buscar la respuesta del Señor a través de su Santo Espíritu.

Le creo cuando dice: «Pero cuando venga el Espíritu de verdad, él os guiará a toda la verdad; porque no hablará por su propia cuenta, sino que hablará todo lo que oyere, y os hará saber las cosas que habrán de venir» (Jn 16:13). Éste es mi análisis:

Según la Biblia, todas las personas que mueren van a un lugar de espera. Los que mueren "en el Señor" van a un "paraíso" o lugar de descanso:

«Entonces Jesús le dijo: De cierto te digo que hoy estarás conmigo en el paraíso» (Lc 23: 43).

«… que fue arrebatado al paraíso, donde oyó palabras inefables que no le es dado al ser humano expresar» (2 Co 12: 4).

- «El que tiene oído, oiga lo que el Espíritu dice a las iglesias. Al que venciere, le *daré a comer del árbol de la vida, el cual está en medio del paraíso de Dios*» (Ap 2: 7).

Los que mueren "sin salvación" van al "infierno", que según Cristo, es un lugar de tormento:

- «Y si tu mano derecha te es ocasión de caer, córtala y échala de ti; pues mejor te es que se pierda uno de tus miembros, y no que todo tu cuerpo sea echado al infierno» (Mt 5: 30).

- «¡Serpientes, generación de víboras! ¿Cómo escaparéis de la condenación del infierno?» (Mt 23: 33).

- «Pero os enseñaré a quién debéis temer: Temed a aquel que después de haber quitado la vida, tiene poder de echar en el infierno; sí, os digo, a éste temed» (Lc 12: 5).

Algunos cristianos creen en el paraíso, pero no así en el infierno. El que no cree hace a Cristo mentiroso. Los que mueren salvos están en el paraíso, que sabemos está en algún sitio del cielo. Pablo lo confirma:

«Por lo cual dice: Subiendo a lo alto, llevó cautiva la cautividad, Y dio dones a los ser humanos. Y eso de que subió, ¿qué es, sino que también había descendido En primer lugar, a las partes más bajas de la tierra? El que descendió, es el mismo que también subió por encima de todos los cielos para llenarlo todo» (Ef 4: 8-10).

«Conozco a un ser humano en Cristo que hace catorce años (si en el cuerpo, no lo sé; si fuera del cuerpo, no lo sé; Dios lo sabe) fue arrebatado hasta el tercer cielo. Y conozco al tal ser humano (si en el cuerpo, o fuera del cuerpo, no lo sé; Dios lo sabe), que fue arrebatado al paraíso, donde oyó palabras inefables que no le es dado al ser humano expresar» (2 Co 12: 2-4).

Si los salvados están en el tercer cielo esperando el levantamiento de la iglesia, ¿cuál es el propósito de descender a la tierra, resucitar y volver al cielo? No tiene sentido. ¿No sería más lógico que descendieran con Cristo? Pero debemos verlo desde la explicación de Pablo en el capítulo 15 de Primera de Corintios.

Dice que los muertos en Cristo resucitarán primero, luego nosotros. Esto es el orden de Dios. La resurrección es volver a la vida. Los muertos en Cristo (los que están en el paraíso) tienen que regresar a buscar sus cuerpos, lo cuales serán transformados o glorificados. Ahora entendemos el significado del, "cuerpo que brota de aquello que se sembró".

Mucha gente dice ser dueña de su cuerpo, por lo que puede hacer como le parezca, sea bueno o malo. Nadie tiene el derecho a decirles cómo deben cuidarlo. Pero el cuerpo que vestimos no es nuestro, sino de Dios y todos compadeceremos ante su presencia a rendirle cuentas de cómo administramos el templo del Espíritu Santo. Tan importante es que los muertos, incluyendo a los que murieron sin salvación, regresarán a buscarlos:

«Y vi un gran trono blanco y al que estaba sentado en él, de delante del cual huyeron la tierra y el cielo, y ningún lugar se encontró para ellos. Y vi a los muertos, grandes y pequeños, de pie ante Dios; y los libros fueron abiertos, y otro libro fue abierto, el cual es el libro de la vida; y fueron juzgados los muertos por las cosas que estaban escritas en los libros, según sus obras. Y el mar entregó los muertos que había en él; y la muerte y el Hades entregaron los muertos que había en ellos; y fueron juzgados cada uno según sus obras. Y la muerte y el Hades fueron lanzados al lago de fuego. Ésta es la muerte segunda. Y el que no se halló inscrito en el libro de la vida fue lanzado al lago de fuego» (Ap 20: 11-15).

Alguien estará preguntándose, ¿qué de los que han muerto calcinados o en una explosión o que fueron cremados? ¿Qué de los que llevan muchos años muertos descompuestos? ¿Cómo recogerán lo que no existe? Bueno, si Dios tuvo el poder para crear al ser humano del polvo de la tierra, ¿acaso no podrá, con el poder de su Palabra, volver a reunir todas esas partículas?

Veamos esto de cerca en el siguiente capítulo.

¿Tienes alguna pregunta de lo que leíste en este capítulo? Puedes hacerlas o expresar tus comentarios en la página cibernética:

pastornrivera.com

Capítulo 14

El primer y postrer Adán

¿Cómo se levantarán los muertos? Esta pregunta es de suma importancia y merece que la analicemos. ¿Qué de los cuerpos que fueron quemados en la hoguera durante la Inquisición? Sus cenizas fueron esparcidas sobre el río que desembocaba en el mar del norte.

¿Qué sobre ese tipo de muerte? ¿Qué de esos cuerpos desintegrados? ¿De todos los que han explotado en mil pedazos durante las distintas guerras? ¿Cómo se levantarán? El apóstol Pablo cuestiona esto:

> *«Pero dirá alguno: ¿Cómo resucitarán los muertos? ¿Con qué cuerpo vendrán (1 Co 15:35-36)?».*

Pablo se encontró con un grupo de escépticos en Corinto, quienes aunque eran cristianos, negaban la resurrección de los muertos, tal y como sucede hoy. La contestación es que la resurrección de

Cristo es una verdad innegable. Estos escépticos aceptaban que Jesús se hubiera levantado de los muertos, pero negaban que los creyentes también resucitaran.

Pablo tiene una respuesta contundente. La muerte en sí misma es un tipo de resurrección, porque es así, la semilla debe morir para que nazca la planta. Así responde el "cómo" será esto. La muerte precede a la vida en las plantas. Así que, este cuerpo corruptible tiene que morir para que surja el nuevo cuerpo espiritual.

Nunca hemos estado tan cerca del levantamiento de la iglesia y su momento de la resurrección de los muertos como este tiempo. No existe otra explicación tan majestuosa y acertada como la que Pablo nos da. Estoy bien seguro de que será mucho más impresionante de lo que hemos explicado.

1 Corintios 15: 38-54

Nótese el versículo 38: «… pero Dios le da el cuerpo como él quiso, y a cada semilla su propio cuerpo». Dios escoge darnos un cuerpo resucitado. ¿Por qué? Porque esto le place. Ahora, ¿cómo serán levantados los muertos? En primer lugar, a Dios le place que así sea y es su problema el encargarse de recoger los trozos y el polvo. Se complace en hacerlo.

¿Qué tipo de cuerpo tendrán? ¿Cómo será? ¿Será como el que tenemos ahora? Las respuestas se encuentran en los versículos del 39 al 41. Una contestación fue sugerida en los versículos 36 y 38. La semilla sembrada vuelve a la vida y germina de un modo más glorioso.

Si siembra una semilla de naranja, no saldrá maíz. Así que, en principio, el cuerpo glorificado será similar o semejante al terrenal, pero perfecto como el de Cristo. Tiene que ser así porque es lo será sembrado (cuerpo corruptible) y saldrá un cuerpo (incorruptible) glorificado. Éste es el principio de la resurrección. Para obtener una respuesta más explícita, leamos los versículos del 39 al 41:

> *«No toda carne es la misma carne, sino que una carne es la de los ser humanos, otra carne la de las bestias, otra la de los peces, y otra la de las aves. Y hay cuerpos celestiales, y cuerpos terrenales; pero una es la gloria de los celestiales, y otra la de los terrenales. Una es la gloria del sol, otra la gloria de la luna, y otra la gloria de las estrellas, pues una estrella es diferente de otra en gloria».*

A partir del versículo 42 encontramos los detalles de la glorificación. En estos versículos, Pablo usa dos analogías para enseñarnos que el cuerpo glorificado tiene ciertas características. En primer lugar, está la analogía de la condición al momento de la muerte. Los versículos 42 al 44 leen:

> *«Así también es la resurrección de los muertos. Se siembra en corrupción, resucitará en incorrupción. Se siembra en deshonra, resucitará en gloria; se siembra en debilidad, resucitará en poder. Se siembra cuerpo animal, resucitará cuerpo espiritual. Hay cuerpo animal, y hay cuerpo espiritual».*

Pablo enumera algunas cosas que ocurren al momento de la muerte. Aunque él no lo menciona, ninguna de éstas nos descalifica para llegar al cielo. Este problema es discutido en los próximos versículos. Pero noten estas condiciones:

> *«Así también está escrito: Fue hecho el primer hombre Adán alma viviente; el postrer Adán, espíritu vivificante. Mas lo espiritual no es primero, sino lo animal; luego lo espiritual. El primer hombre de la tierra, terrenal; el segundo hombre, que es el Señor, es del cielo» (vv. 45-47).*

La Biblia describe la influencia de dos hombres sobre la humanidad. El primero fue Adán; el segundo es nuestro Señor Jesucristo. La mayoría entiende la influencia de nuestro Señor Jesucristo pero ¿qué de Adán?

La palabra de Dios divide al ser humano en dos grupos: los que están en "Adán" y los que están en "Cristo". Entramos al grupo de Adán a través del nacimiento y del proceso de la vida. Pero el día en que nacimos de nuevo, de arriba, regenerados, dejamos de ser de Adán y pasamos a Cristo. Desde un punto de vista judicial, morimos en la cruz, fuimos enterrados, resucitados, identificados y estamos en con Jesús él.

Adán, ¿tuvo un cuerpo glorificado?

Volvamos al versículo 45 por un momento: *"Así también está escrito: Fue hecho el primer ser humano Adán alma viviente; el postrer Adán, espíritu vivificante"*. Noten que al Señor se le llama el último (postrer) Adán. Pero en el versículo 47 dice: «El primer hombre es de la tierra, terrenal; el segundo hombre, que es el Señor, es del cielo». Aquí en este versículo se le llama el segundo hombre; ¿Por qué el último Adán? Y ¿por qué el segundo hombre? ¿Por qué no lo llamó el último ser humano o hombre también?

Siendo que se le llamo el último Adán. Jesús es llamado el último Adán, ya que nunca más habrá otros seres humanos que encabezarán una nueva raza humana en la tierra como Adán y como Cristo lo han hecho.

Aquí en la tierra siempre habrá personas manipuladas por Satanás para lograr genocidios, para tratar de levantar nuevas razas según ellos perfectas, de un solo color o de una sola etnia.

Pero será el señor Jesús el que encabezará una raza nueva de hombres y mujeres perfectos en cuerpos glorificados tal y como el cuerpo que tiene el Señor en la actualidad.

Ahora, Pablo dice que Jesús es el segundo, hombre (ser humano) ya que habrá más como él. La pregunta forzada que tenemos que hacer y contestar es: ¿Quién fue el primero? (Ya que Jesús fue el segundo). Obviamente la contestación es clara; Adán. Adán tuvo un cuerpo muy especial antes de la caída. Luego tuvo un cuerpo corruptible. Él fue el primer ser humano. Cristo recibió un cuerpo glorificado cuando resucitó y todos los que sean de Él recibiremos cuerpos glorificados cuando venga. Habrá un tercer ser humano, cuarto ser humano, etc. Dice:

«Amados, ahora somos hijos de Dios, y aún no se ha manifestado lo que hemos de ser; pero sabemos que cuando él se manifieste, seremos semejantes a él, porque le veremos tal como él es» (1 Jn 3: 2).

«… el cual transformará el cuerpo de la humillación nuestra, para que sea semejante al cuerpo de la gloria suya, por el poder con el cual puede también sujetar a sí

mismo todas las cosas» (Flp 3: 21).

«Cuando Cristo, vuestra vida, se manifieste, entonces vosotros también seréis manifestados con él en gloria» *(Col 3: 4).*

Cuanto anhelo que llegue ese momento, ¡ven Señor Jesús tu pueblo te espera!

¿Tienes alguna pregunta de lo que leíste en este capítulo? Puedes hacerlas o expresar tus comentarios en la página cibernética:

pastornrivera.com

Capítulo 15

Conclusión

Por último, quisiera resumir las características de nuestro futuro (ya pronto) cuerpo glorificado que vamos a vestir para nunca más ver la muerte. Ese cuerpo podemos dividirlo en las siguientes cuatro características:

1- **Impasibilidad:** Significa, la incapacidad de padecer cualquier tipo de sufrimiento o dolor ya sea físico, maligno, muerte, pena, enfermedad, etc. El cuerpo glorificado estará totalmente libre de las adversidades del cuerpo humano.

2- **Sutileza:** Ha sido descrito como "el poder de penetrar". Ningún objeto material impedirá que se mueva de un lugar a otro. Al contrario, como el cuerpo de Cristo, tendrá la habilidad total de moverse sin restricciones.

3- **Agilidad:** Se describe como el poder para moverse rápidamente según el deseo del alma. Ya no tendrá el peso ni estará sujeto a las leyes de la naturaleza ni de la física. El cuerpo glorificado se moverá con gran rapidez y elegancia.

4- **Claridad:** Significa resplandor. Brillará con esplendor, tal como le sucedió al cuerpo de Cristo en el monte de la transfiguración.

Cristo les promete a las fieles un cuerpo con todas estas características. Ni las enfermedades ni las circunstancias nos atacarán. Si tu vida ha sido azotada por enfermedades, deformaciones, condiciones que te han mantenido en una prisión en la carne, será libre de su azote. No te rindas, espera un poquito más y en breve sucederá, como las Escrituras dicen:

«No perdáis, pues, vuestra confianza que tiene grande galardón; porque os es necesaria la paciencia, para que habiendo hecho la voluntad de Dios, obtengáis la promesa. Porque aún un poquito, Y el que ha de venir vendrá, y no tardará. Mas el justo vivirá por fe; Y si retrocediere, no agradará a mi alma» (Hb 10: 35-38).

Amado lector y lectora, mi anhelo con este libro es que nos entusiasmemos con deseo ardiente y un amor inefable por la venida del Señor. Muchos se han cansado, otros se han quitado de la carrera o negado la fe. ¡Cómo es posible que después de nadar tanto nos rindamos y muramos en la orilla! ¡No! Somos más inteligentes que eso. No permitas que el enemigo de las almas te robe esta bendición eterna.

Si este libro logra su propósito y objetivo de aumentar la fe y esperanza en el Señor en tan solamente una vida, entonces, habrá valido la pena que se lo haya dedicado. Que sea notorio al mundo entero que toda la gloria y honra pertenecen a Dios. Término citando a mi Maestro Jesús:

> *«¿Quién de vosotros, teniendo un siervo que ara o apacienta ganado, al volver él del campo, luego le dice: ¿Pasa, siéntate a la mesa? ¿No le dice más bien: Prepárame la cena, cíñete, y sírveme hasta que haya comido y bebido; y después de esto, ¿come y bebe tú? ¿Acaso da gracias al siervo porque hizo lo que se le había mandado? Pienso que no. Así también vosotros, cuando hayáis hecho todo lo que os ha sido ordenado, decid: Siervos inútiles somos, pues lo que debíamos hacer, hicimos» (Lc 17: 7-10).*

¿Tienes alguna pregunta de lo que leíste en este capítulo? Puedes hacerlas o expresar tus comentarios en la página cibernética:

pastornrivera.com

OBRAS CITADAS

Capítulo 1

1. Horn, Laurence R. "Contradiction." *Stanford Encyclopedia of Philosophy*, Stanford University, 28 June 2006, stanford.library.sydney.edu.au/archives/fall2006/entries/contradiction/index.html.

2. William Shakespeare. (2012). FamousAuthors.org. Recuperado 04:07, March 15, 2014 de http://www.famousauthors.org/william-shakespeare.

Capítulo 2

1. Songer, Mark Anthony, et al. "What Is the Likely Way in Which Ancient Hebrews Would Have Understood 'Raqiya' in Gen 1:6?" *Biblical Hermeneutics Stack Exchange*, 1 Sept. 1962, hermeneutics.stackexchange.com/questions/5789/what-is-the-likely-way-in-which-ancient-hebrews-would-have-understood-raqiya-i.

Capítulo 3

1. imagen. Real Academia Española: *Diccionario de la lengua española*, 23.ª ed., [versión 23.4 en línea]. <https://dle.rae.es/> 10 enero 2021.

2. semejanza. Real Academia Española: *Diccionario de la lengua española*, 23.ª ed., [versión 23.4 en línea]. <https://dle.rae.es/> 10 enero 2021.

3- semejante. Real Academia Española: *Diccionario de la lengua española*, 23.ª ed., [versión 23.4 en línea]. <https://

dle.rae.es/> 10 enero 2021.

4. MVargic. (2013, December 28). DID THE ABORIGINES REALLY INVENT THE BOOMERANG? Recuperado en Diciembre 27, 2018, de http://www.historyrundown. com/did-the-aborigines-really-invent-the-boomerang/.

5. McNulty, J. A., Ph.D. (1994, May 1). List of Three's in Anatomy. Recuperado el 9 de enero de 2021, de http://www. meddean.luc.edu/lumen/MedEd/GrossAnatomy/Threes. html.

Capítulo 4

1. Cuerpo. (n.d.). Recuperado 10 de septiembre de 2018, de https://definicion.mx/cuerpo/

2. *Diccionario Bíblico Mundo Hispano - Douglas-Tenney*, es-word-español.blogspot.com/2008/12/diccionario-bibli-co-mundo-hispano.html.

3. *The Hebrew Name for God - The Spirit of God (Ruach Elohim)*, www.hebrew4christians.com/Names_of_G-d/ Spirit_of_God/spirit_of_god.html.

4- "Irrepressible." The Free Dictionary, Farlex, es.thefreedic-tionary.com/irrepressible.

Capítulo 5

1. "The Bible Says the Earth Is Young." *ApologeticsPress.org*, www.apologeticspress.org/APContent.aspx?catego-ry=56&article=885.

Capítulo 7

1. Cirugía Estética: En Busca Del Cuerpo Perfecto. *Solonosotras.com*, www.solonosotras.com/cirugia-estetica-en-busca-del-cuerpo-perfecto/.

Capítulo 9

1. NCCG.ORG New Covenant Church of God - B'rit Chadashah Assembly of Yahweh, FAQ 66: Did Adam and Eve Have Sex in the Garden of Eden?" *NCCG.ORG New Covenant Church of God - B'rit Chadashah Assembly of Yahweh, FAQ 66: Did Adam and Eve Have Sex in the Garden of Eden?* Web. 14 June 2014.

2- lujuria. (n.d.) *Definicion.de® Copyright © 2008-2021*. Recuperado 27 de diciembre de 2020 de https://www.definicion.de.

Capítulo 12

1. Butler, Trent C. Editor. Entry for 'Measuring Reed'. Holman Bible Dictionary. https://www.studylight.org/dictionaries/eng/hbd/m/measuring-reed.html. 1991.

2. *Strong's Greek: 4561. Σάρξ (Sarx) -- Flesh*, www.biblehub.com/greek/4561.htm. Web. 24 Agosto 2014.

3. Introducción a la sangre Por Ravindra Sarode, Por, Sarode, R., & 2018, Ú. (2018, January). Introducción a la sangre - Trastornos de la sangre. Retrieved January 07, 2021, from https://www.merckmanuals.com/es-us/hogar/trastornos-de-la-sangre/biolog%C3%ADa-de-la-sangre/introducci%C3%B3n-a-la-sangre

Capítulo 13

1. "Transformado." *The Free Dictionary*, Farlex, es.thefreedictionary.com/transformado.

Nota: TEXTOS CITADOS DE LAS SAGRADAS ESCRITURAS A MENOS INDICADO proceden de la Reina Valera versión 1960, situada en http://www.biblegateway.com/passage/?search=. Utilizamos esta versión de la Biblia porque consta de dominio público (no bajo protección de derechos de propiedad).

BIOGRAFÍA DEL AUTOR

NELSON W. RIVERA MENDOZA

El pastor Rivera, en la actualidad sirve a la comunidad espiritual y secular en la capacidad de pastor durante los últimos 20 años, y como capellán, 25 años. Desde sus comienzos en el pastorado hasta el día de hoy, es pastor de la organización Iglesia Fuente de Salvación Misionera, Inc. Movimiento Internacional, y en la actualidad, en la ciudad de Conroe, Texas.

Ha cursado estudios Teológicos concentrándose en dos áreas: la Escatología y la Apologética. Durante los últimos 15 años ha enseñado estas dos materias, entre muchas otras en el "Instituto Bíblico Misionero, Inc.", seminario teológico de la organización al cual pertenece.

Se le han abierto las puertas para ministrar su palabra y dar conferencias en otros lugares, con otros temas de índole matrimonial.

Dentro de las responsabilidades dadas por Dios para ejercer, ha sido Director Internacional del seminario teológico, Relacionista Público de su organización, Secretario Internacional y Supervisor Regional durante once años.

El pastor Rivera siempre tiene un lema en su boca y se encuentra en Lucas 17:10:
"Así también vosotros, cuando hayáis hecho todo lo que os ha sido ordenado, decid: Siervos inútiles somos, pues lo que debíamos hacer, hicimos".

La gloria fue, es y siempre será de Dios. A Él sea toda gloria y honra por los siglos de los siglos, Amen.

Nos agradaría recibir noticias suyas. Por favor envíe sus comentarios sobre este libro a la dirección que aparece a continuación. Muchas gracias.

e-nelson Publishing, Inc.
comments@e-nelson.com

Pastor Nelson Rivera
views@pastornrivera.com